シリーズ
人と風と景と
Seen Scenes Series

「百人百景」
京都市岡崎

A Hundred People, A Hundred Landscapes
in Kyoto,Okazaki

もくじ

京都通信社
K.T.P.Books
Kyoto Tsushinsha Press

「百人百景」の実施概要

京都市左京区岡崎での撮影会は、京都・岡崎「百人百景」実行委員会の主宰によって2012年3月4日の日曜日、10時から16時30分にかけて136人が参加して実施した。

〈応募と参加者〉 参加者は、ウェブサイトや京都市内の大学、ギャラリーなどで配布したチラシ、それにツイッターやフェイスブックなどで知った人たちで、参加申請はウェブサイトで受けつけ、これに3人の招待作家が加わった。

〈参加資格と費用〉 男女不問の10歳以上としたが、どちらかの親が同伴する場合は10歳以下も可能とした。参加費は1,000円で現像、プリント、記念冊子代を含む。

〈カメラ〉 ISO1600の高感度カラーフィルムとストロボを搭載した「写ルンです」を富士フイルム株式会社に提供いただき、参加者全員に配布。現像も同社。

〈撮影の地理的範囲〉 撮影対象は制限しないが、地域はおおむね北は丸太町通から南は三条通まで、西は鴨川から東は白川通までのいわゆる岡崎一帯に限定した。

〈事前の共有情報〉 岡崎の歴史と魅力的な遺産や資産を紹介する資料を当日に配布。撮影開始前に、これをもとに岡崎の歴史を簡単に解説するとともに、文化施設や疏水以外のほかに多彩な自然、建物、文化があることを紹介。

〈表彰とシンポジウム〉 2012年4月18日から24日まで、総合地球環境学研究(略称・地球研)で参加者が撮影した写真のすべてを展示する「上賀茂展」を開催。27枚組み写真部門と単体部門それぞれに地球研賞、土田賞、淺川賞の3賞を設け、受賞作品を選定・表彰。期間中の22日には、シンポジウム「100人が見た京都・岡崎まち環境」を地球研で開催。

〈展示会〉 つづく5月16日から21日にかけては、岡崎にある「Gallery Ort Project」、「アートスペースカフェ・メトロポリタン福寿創」、「茶房 好日居」の3会場で展覧会を開催。期間中に、Gallery Ort Project で「岡崎展オープニングトーク」を、茶房好日居では茶話会を開催。こうしたイベントをとおして、撮影会の参加者や岡崎周辺の住人、実行委員会のメンバーがそれぞれの体験や感想を交換。

◆実行委員(五十音順・敬称略)

鞍田愛希子(Atelier Michaux)/鞍田 崇(総合地球環境学研究所)/後藤直子(京都精華大学)/茅野妙子(京都女子大学)/林 憲吾(総合地球環境学研究所)/松隈 章(株式会社竹中工務店)/村松 伸(実行委員会代表・総合地球環境学研究所)

◆参加者(五十音順・敬称略)

四十住幸恵/青井隆浩/青山晶子/秋山サンドラ/浅浦尚子/淺川 敏/足立 恵美/アミ アミナ ムティア/アルバラード リカルド/居内千晃/五十嵐悠介/池田清美/石川奈都子/伊藤 宏/岩永 響/上野山祐輔/上山昌喜/大沢志麻/大澤由佳/太田千家子/大谷衣登子/大畑 凜/岡部知子/小川恵実/小郷 裕介/織田八重子/小野大輔/小野仁美/甲斐友里愛/菓子祐未/加藤博久/加藤理沙/蒲池妙子/亀田仁美/川口正太郎/川口瑞生/川口裕紀子/川田瑞穂/河原尚子/河原 司/菊地 薫/鞍田愛希子/鞍田 崇/倉地聡子/栗栖諒子/黒越啓太/後藤直子/小針あゆみ/駒田さよこ/小松としこ/小南幸子/近藤房子/近藤佑子/佐伯きわ/佐伯郁智/阪口 愛/匂坂緑里/佐々木順子/佐々木直子/佐藤絵理/柴田真由美/下山拓弥/庄本彩美/白部匡俊/杉﨑奈緒子/杉﨑未幸/杉林里美/杉本照彦/瀬尾好英/仙石法子/瀧本奈津子/田口純子/田沢由美/田代 豊/立石圭吾/田中聡子/田村香織/茅野妙子/塚原 ひかる/辻村優英/津田央起/土田ヒロミ/出口惣一/寺田真奈/冨吉拓也/中川朱美/中川 理/中村 恵/中元聡一郎/名久井伴久/南家識子/西岡 佑/西野有紀子/丹羽 妙/沼田美音/野口さとこ/橋本夏未/橋本 完/畑野夏実/林 憲吾/林寿恵子/原田由美/平野泰子/福島美知子/福永久美子/福永 雅文/藤松真梨子/細井 律/堀江祥子/正木智砂/増地恵美子/町田夏季/松尾多喜二/松隈章/三浦友子/溝井ゆきゑ/三橋菜美子/三矢麻弥/宮前 隆/村松 伸/森 愛子/森 仁美/森 雅子/諸冨ますみ/矢野陽子/山﨑良子/山下早紀/山田康祐/山田秀行/山田よしみ/由利信子/吉岡真弓/吉野真弓/依藤祥世/和田奈津紀/和出伸一

古都のまち環境を カメラで切り取る

村松 伸 総合地球環境学研究所教授

啓蟄の前日、七十二候でいうならば「巣ごもり虫戸を開」き、「桃始めて笑う」気候なのだが、2012年3月4日京都の岡崎は朝10時頃から小雨の肌寒い天気となった。

平安神宮を中心とするほぼ2キロ四方の地区を対象に、使い捨てカメラ「写ルンです」を携えて、136人が思い思いのいで立ちとそれぞれの構想をもって27枚を撮影する。東京にあるギャラリーA^{4}が2006年に始めたこの「百人百景」プログラムは、東京では東京駅、浅草、東京タワー、築地、上野、深川と6回、そして関西では神戸市塩屋、京都府大山崎の2回が実施されている。

創始者の松隈章さんにその手法をお借りして、今回第9回目をわれわれが実施した。実際は136人にまで参加人数はふくれあがってはいたけれど、名前は伝統を踏襲して「京都・岡崎百人百景」、朝10時～午後4時半までの6時間ほどの勤行の始まりである。

ぼくの京都岡崎凡人逆景

カメラをたずさえ109番の識別番号を首からさげて、ぼくもほかの135人同様、岡崎での「百人百景」の小さな旅に加わった。ぼくの構想はいたって単純、思いのままに場所を見つけて逆立ちすること。一緒についてきてくれた友人にその逆立ちを撮ってもらう。自分で撮るわけではないから、若干趣旨とはずれる。が、どこで逆立ちするかと、どこを写真で切り取るかは、限りなく似ている。

大地と身体とを密着させるその頭立ち「シルシャアサナ」は、ヨガの王様とも言われ、身体にとってすこぶるよい。ここで重要なのは身体と交感する大地の場所。直観ながら逆立ちしたいという本能が、大地の気持ちのよい場所を探査する。そんな仮説を携えて、巨大都市と地球環境との関連を解明する総合地球環境学研究所の巨大プロジェクトの合間を縫って世界各地で逆立ち活動を展開してきた。今回もそれがぼくの京都の岡崎での百人百景のコンセプトとなっていた。

写真1 ポートレイトも逆立ちで

集合場所の京都市美術館の豪壮なドアの前で、まず、逆立ち姿で肖像写真を撮る。ついで、参加者のひとりが持ってきた人形チャーリー君とともに2枚目を。3枚目、4枚目は、岡崎のシンボル平安神宮の鳥居と本殿の前で。風情のある岡崎の路地にはいり5枚目。6～9枚目は、京都大学熊野寮を含めたレトロな建築物の中で。

岡崎は琵琶湖疏水の流れに囲まれてある。舟を運んだ蹴上インクラインの軌道や疏水で10枚目から12枚目。その疏水の水を引き込んだ旧山縣有朋邸の無鄰菴で16枚目から21枚。そのあいだは岡崎動物園のクマとカバの檻の前で逆立ち。昼飯にうどんを食し、カフェでたびたび休息したため、ここらあたりですでに3時半、冷えと疲労でカメラの提出場所に急いだ。

残りの6枚は、平安神宮や琵琶湖疏水、動物園等の大物岡崎物件とは異なる小さな寺やラヴホテル、ツタ壁の前での逆立ちで、消化試合ならぬ消化逆立ち写真となってしまった。

27回逆立ちを続けたぼくの撮影／被写体行為は、6年9回の百人百景の歴史の中でも燦然と輝く偉業と称えられるだろう。だが、岡崎のどこを切り取ったかをほかの135人と比べると、さして非凡であったわけではない。しかし、この凡人さ加減にこそ、百人百景プログラムがもつ、まち環境の理解にとっての重要な意味が隠されている。

写真2 平安神宮はなんといっても岡崎の顔。伊東忠太が関与した

半行半視まち三昧

東京の松隈章さんから、「岡崎でこの百人百景をやってみたら」と2011年末のある日メールで慫慂《しょうよう》され、すぐそれに跳びついたのにはわけがあった。

松隈さんのもくろみは、改築か保存かで揺れる京都会館問題を、百人百景というプログラムから見直してみたいというようなものだった。これに対してぼくの希望は、岡崎の「まち環境」と地球環境問題とのつながりをより鮮明に、より深く再構築して明らかにしたいという点にあった。

東京のシブヤから京都に移って3年、京都の北、岩倉の地にある総合地球環境学研究所で、発展途上国の巨大都市と地球環境問題の研究をおこなっている。とりわけインドネシアのジャカルタ首都圏の2050年をいかに構想するかが、ぼくのプロジェクトの関心の焦点にある。

地球研と略称される、ぼくの勤務する総合地球環境学研究所は、1997年の気候変動枠組条約に関する京都議定書の締結を契機に2001年に創設された。世界各地の地球環境問題に取り組む研究者たちは、地球のあちこちを飛翔して研究調査に勤しんでいる。だが、そのような日々の地道な刻苦勉励にもかかわらず、京都の人たちには地球研の存在も、そこが取り組む地球環境問題の重要性も、それほど知られてはいない。一方、地球研の研究者たちも地球環境問題における地場、京都の大切さをほとんど頓着しない。

地球研と京都の人たちとを隔てるこの距離は、じつは地球環境問題と人びととの大きな距離を象徴しているのではないだろうか。だからこそ、人びとを家の中からまちに引き出して、「まち環境」を深く知るプログラムとして岡崎で百人百景を再構築することはできないか、松隈章さんからの誘いがあったその時にそう考えたのだ。

自分が居住したり、活動したりする、ある近傍をぼくは「まち環境」とよんでいる。そこにあるのは、建物だけではない。道路も、公園もある。そして、水があり、緑があり、鳥がさえずり、猫が昼寝をする。もっとも重要なものは、人とそのつながり、生物としての活動や経済・文化である。人工環境、自然環境、社会・経済環境、これら三つの総和が「まち環境」なのである。この「まち環境」を知ることが、やがて地球環境の理解へとつながっていく、と考えた。それはややトリッキーと聞こえるかもしれないのだが。

ここ40年、藤森照信さん（東京大学名誉教授）や堀勇良さん（元文化庁技官）たち、近代建築史のフィールドワーカーたちが考案し、ぼくたちが受け継ぎ、後輩たちに伝達してきたのが、まちにある建物のできるかぎりすべてを視る方法とその効用だった。情報の量を限界にまで増大させ、そのことによって視線の質を劇的に転換させる。近代建築悉皆《しっかい》調査と俗称されるこの方法を、建物の様式理解から「まち環境」に拡げながら実施した成果が、『シブヤ遺産』（村松伸＋東京大学生産技術研究所村松研究室編、バジリコ出版、2010年）であった。

写真３　蹴上インクラインでの逆立ちは、やや難航した

今回は、京都の岡崎という限定した場所で、半日という短い時間、27枚という枚数など数々の制約が、そこにはあった。デジカメとは異なって撮り直しもできない「写ルンです」を半日間携え、ひたすら歩いて写すことは、量が質に転換する近代建築の悉皆調査とは明白に違う。精神を極限にまで「まち環境」に集中させ、そのことで人びとの意識を覚醒させる。量に関して正反対の相違はあるものの、近代建築の悉皆調査も今回の百人百景も、考えてみれば双方とも禅の勤行によく似ている。

禅には、修行の果てに覚醒して三昧の境地にいたるさまざまなプログラムが歴史の中で用意されている。90日間座りっぱなしの常坐三昧、90日間仏の周りをぐるぐると念仏して廻る常行三昧、半分座って半分ぐるぐる廻る半坐半行三昧等々。それでいうなら、近代建築悉皆調査も、「写ルンです」による百人百景も、歩きつつまちを視ることであるから「半行半視まち三昧」とでも言えるだろう。そして、ここでいう「まち三昧」の境地、これが地球環境へとつながる一歩ではないかと考えた。

日常の日常からの覚醒

話はやや抽象的になったかもしれない。だが、136人の参加者それぞれの「半行半視まち三昧」の勤行の成果を克明にみると、前述したくだくだしい解説もすっきりと理解がいくはずだ。

136人の撮影勤行の結果は、大きく三つに分類できるだろう。6割ほどの多数派は、見たまま、歩くまま、自分の関心あるものを粛々と撮影する「無題派」に属している。残りの3割は「対象コンセプト派」とでも命名できるかもしれない。水、緑、色彩、壁、人、建造物、猫、歴史など、お題を最初に決めて27枚の撮影を敢行しようともくろんだ。残りは、「姿勢コンセプト派」で、境界を歩く、斜め上を見て行く、父との記憶を探すなど、よく言えば視線への関心が高く、悪く言えばへそ曲がりの1割の参加者であった。対象物を統一するよりも、見方に繊細な感性をしめす。もちろん、ぼくの逆立ちもこの一群に属し、なかでもあざとくへそ曲がりであったことは言うまでもない。

しかし、おもしろいことに多数を占める「無題派」のそれぞれの凡人写真を順に見ていくと、すべてではないが、しだいにまちを視る見方が進化していることに気づくのである。初めから10枚目ほどは、岡崎の大物に眼がいく。だが、その枚数を超えると疑問が湧くのか、別の視線が加わってくる。小さな緑、道路のひび割れ、人びとの姿、雨でむせぶまちの風景、そんなところへと視線が深く滲みいり、撮影の対象も構図も徐々に変わる。ぼくの消化逆立ち写真も、その進化の一端であった。

「無題」というのは、「まち環境」への方向も、深さも、対象も未定の状態を言いつくろっているにすぎない。日常は、じつはこの「無題」の中には存在していない。焦点も定まらず、曇りきった眼では、「まち環境」は見えてはいるが視てはいない。そんな眼をもちながら歩きが始まる。それが「写ルンです」という制約の強い撮影装置を獲得すると、眼が徐々に覚醒する。

頭は同時に「まち環境」を、それまでとは異なった仕方で捉え出す。そこにあるのは、「日常の日常」から「非日常の日常」、そして「日常の非日常」へと至る視線の大変革なのである。「対象コンセプト派」も「姿勢コンセプト派」もすでにどこかで、「日常の日常」から「非日常の日常」や「日常の非日常」を捕捉する眼への転換をおこなっていたことになる。

前項で、「まち環境」意識が覚醒すればおのずと地球環境への関心につながるはずだという論理は、ややトリッキーではあると述べた。それは、あくまでもぼくの主観の中にある期待にすぎないからだ。三昧の境地にも種々の段階があって、「まち環境」三昧もいずれ仏陀が悟りを開いた段階、つまり地球環境への覚醒にまで到達できるのではないか、と期待できるほど楽観的ではない。というのは、岡崎は白河、堀河、鳥羽、崇徳など魑魅魍魎《ちみもうりょう》の世界に生きた平安末期の天皇たちが来世の平安を祈願した六勝寺の跡地であって、どのように祈願しても、どれほど喜捨しようとも無理だったからだけではない。

地球環境問題は、じつは「日常の日常」でも、「非日常の日常」や「日常の非日常」でもない。質の異なる「非日常が非日常」を引き起こすことの別の言い方でもあるからだ。大多数が雨にもかかわらず「非日常の日常」や「日常の非日常」の発見を楽しんだこのプログラムは、「まち環境」理解には多大の効果があった。だが、どのように「非日常の非日常」への警告へとつなげるのか、人びとと地球環境問題とをどのように結びつけるのか、この道のりは簡単ではない。そんなことも、じつはぼくは頭を地球にくっつけて逆立ちしながら少しだけ考えていた。

この本は、参加者136人による2012年3月4日の6時間まち歩き勤行の成果とその背後から得た成果を発展させ、まち環境理解のための思索の第一歩を提示するものでもある。

写真4 136人が京都市美術館中庭に集まって、百人百景が開始した

＊本書は、総合地球環境学研究所の「メガシティが地球環境に及ぼすインパクト──そのメカニズム解明と未来可能性に向けた都市圏モデルの提案」（代表：村松伸）、および、旭硝子財団助成「都市環境文化資源の総合評価手法の構築とその循環モデルの検証：インドネシア全域への展開と日本への還元」（代表：村松伸）の成果の一部です。

京都の「近代」を詰め込んだ岡崎

中川 理　京都工芸繊維大学教授

写真1　1893(明治26)年ごろの岡崎(平安神宮所蔵)

京都は、きわめて特異な近代化を遂げている。その結果、単なる地方都市ではなく特別な「京都」になった。その特異な近代化の過程を象徴するのが岡崎という場所である。

9世紀から11世紀にかけて、岡崎の地には藤原摂関家の別荘、白河殿が所在していた。別荘は白河天皇に献上されたのち、歴代の天皇により周囲に次つぎと六つの寺院（六勝寺）が建立された。いまの岡崎公園のあたり一帯は、ほとんどがこの六勝寺の境内にあたる。中心となった法勝寺には80メートルを超える高さを誇った八角九重塔がそびえ、周囲に寺院が並ぶ特異な景観をつくっていた（図1）。

しかし南北朝内乱や応仁の乱などで寺院は焼失し、荒廃した。その後、近世には武家屋敷が並んだが、明治維新でこれも消滅し、岡崎は畑地が拡がる忘れ去られた場所となった。それがなぜ近代化を象徴する舞台となったのか（写真1）。

図1　六勝寺の配置図

衰退した京都の殖産興業の候補地に

京都の近代化の舞台は、必ずしも岡崎という場所である必要はなかった。最初の近代化は、京都の伝統的な暮らしや産業を変えることが目標になったからだ。

東京遷都により、公家や武家はもちろんのこと、有力商人たちも東京へ転居し、京都の人口は激減する。そうした状況を挽回するべく、二代京都府知事の槇村正直は、「京都策」とよばれたさまざまな近代化策を推し進めた。西陣織や京染、清水焼などの伝統的手工業も、近代的工業へと誘導する政策が進められた。小学校の設立など、近代教育制度の確立も目指したが、これも殖産興業政策の基盤をつくるためであった。

しかし、その政策は、あまりにも性急すぎた。「旧弊打破」、「迷信一掃」を名目に、伝統的な要素のことごとくを京都から排除しようとし、地蔵盆も、いまでいう五山の送り火さえも旧弊だとして市民から取りあげようとしたのだ。京都の歴史・伝統を無視するだけでなく、それを排除しようとする政策まで進めようとしたのである。これに対する京都市民の反発は大きかった。

その強引な政治手法は、国の政策や京都の議会とも対立することも多く、結局、1881(明治14) 年に槇村は元老院議官に転じてしまう。

近代産業の地になりそこねる

その後に知事になった北垣国道は、琵琶湖疏水事業を成功させた知事として知られることとなった。殖産興業を目指したのは槇村と同様であったが、北垣はその基盤整備として琵琶湖疏水事業に傾注した。京都の伝統的な産業や市民社会に働きかける近代化政策ではなく、近代化を支える基盤をつくろうとしたのだ。

明治期のわが国の土木事業を代表するプロジェクトとなった琵琶湖疏水事業は、東京遷都により衰退した京都がさまざまな意味において復興する契機となったことは事実である。

図2 第四回内国勧業博覧会の会場図(木版)(乃村工藝社蔵)

ここで岡崎が登場する。琵琶湖疏水のトンネルの京都側出口となったからである。岡崎は、この事業で生まれ変わることになった。琵琶湖疏水の水をなにに使うのか。当初の目的は、岡崎周辺で水車を動力とする工場建設を進めることであった。明治維新後の岡崎は、都市施設はほとんどなにも存在しない状況になっていた。その地域が、近代産業都市として生まれ変わる京都を代表する場所として想定されていたのである。

ところが、疏水の工事途中で、当初の計画にはなかった水力発電の設備が設置されることになった。これにより、岡崎は、工場地帯とは異なる性格の場所となった。電力であれば、なにも疏水の出口に工場地帯をつくる必要はないからだ。

「みやこ」としての京都の価値と役割

工場地帯にする計画からはずれた岡崎には、博覧会がやってくる。1895(明治28) 年に、この地を会場として第四回内国勧業博覧会と平安奠《てん》都千百年紀念祭が開催されることとなった。第三回まで東京上野で開催されていた博覧会が、初めて関西にやってきたのである (図2)。

内国勧業博覧会が大阪ではなく京都で開催されることになったのは、博覧会と千百年紀念祭とを同時に開催することを京都がアピールしたからであった。このイベントこそが、京都が「歴史観光都市」として広く認知される契機となったのである。

新興の近代国家・日本には、悠久の「歴史」を、西洋諸国にアピールする必要があった。「みやこ」としての京都を必要としたのである。公家出身の岩倉具視は、維新後の天皇・皇室の擁護を一貫して主張し、亡くなる前年の1883(明治16) 年に「京都皇宮保存ニ関シ意見書」を提出している。そこでは、天皇の即位式・大嘗祭などは東京ではなく京都御所で行ない、桓武天皇の神霊をまつる平安神宮を京都御苑内に創建することなどが主張されていた。東京に対して、もう一つの「みやこ」としての京都を位置づけようとしたのである。

千年の歴史を可視化する試み

ちなみに、岩倉のこうした主張に添うかたちで、京都御苑が誕生している。維新を迎えるまで公家屋敷が並ぶ街区であった場所を、京都府が1878(明治11年) 年から3年ほどをかけて整備し、石塁で囲んで、あたかも平安京の大内裏のような「御苑」としてつくりあげたのだ。

岩倉の死後になるが、岩倉が提言した平安神宮は、平安奠都千百年紀念祭のさいに、内裏空間の建物 (大極殿と応天門) を再現するかたちで岡崎に創建されることとなった。京都の「みやこ」としての歴史を再現するものとして、平安神宮はつくられたのである。その後、内裏にあった武徳殿も、大極殿と同じ位置関係でつくられている。これが武道場として日本各地に波及した武徳殿のオリジナルの姿である。

こうして、岡崎は千年の「みやこ」を可視化し、その歴史の魅力を体現する場所になった。1895年の第四回内国勧業博覧会の錦絵の構図には、その平安神宮も描かれている (図3)。手前に近代産業化の象徴としての琵琶湖疏水が流れ、博覧会場がある。その奥には平安京の内裏を模した平安神宮があり、さらにその後背には京都の歴史景観を代表する東山が見える。この時点で岡崎には、「近代産業都市」と「歴史都市」という二つのベクトルが併存する場となったのである。

水と緑にあふれた高級邸宅群の登場

内国勧業博覧会を契機に京都の「歴史都市」イメージは決定的なものとなり、多くの観光客が集まるようになった。廃仏毀釈以降、荒廃していた寺院は、博覧会前に相次いで修繕や再建を終える。鉄道や汽船 (瀬戸内海) による観光交通網が整備され、割引切符も発売された。年に4、5冊発行されていた京都の観光案内書も、この年には33冊も出版されている。まさしく観

図3 第四回内国勧業博覧会のようすを伝える錦絵(乃村工藝社蔵)

光都市・京都の誕生であった。

岡崎はその後も「歴史都市」を体現する近代空間としての様相をますます呈することになる。博覧会の跡地は近代公園空間として整備されるが、その周囲、とりわけ工場地帯として想定されていた鹿ヶ谷周辺などには、明治後半期から大正期にかけて別荘・邸宅が並ぶ住宅地が拡がるようになる。

この別荘住宅地の形成を、実業家の塚本与三次や作庭家の小川治兵衞 (七代目植治) がリードする。南禅寺界隈の土地を所有していた塚本は、琵琶湖疏水を利用する水車の使用権を獲得して水利権を手に入れた。その塚本と手を組んだ小川治兵衞は、その琵琶湖疏水の豊富な水を自らが作庭する平安神宮や円山公園、そして邸宅の庭に次つぎに引き込んだ (写真2)。

彼らがターゲットにした住宅購買者は、東西の実業家・資産家たちである。民間によるこうした住宅開発が積極的に行なわれ、この時点ですでに別荘の需要があったのは、「歴史観光都市」としての京都の評価が確立されていたからであろう。

このように岡崎は、「近代産業都市」を象徴する場所から、「歴

写真２　小川治兵衛が山縣有朋とともに作庭した無鄰菴庭園は、疏水の水を利用して渓谷から大海へと流れこむ川の姿を再現する

史都市」を代表する場所へと大きく変貌した。それは、維新の衰退から復興する京都の都市経営策が、近代産業都市化を目指す方向から、「歴史都市」に向かう方向へと大きく舵を変えたことを象徴するものでもあった。

祝意を示す、ハレの場

しかし、岡崎は歴史のテーマパークになったわけではない。邸宅群はプライベートな土地利用であるが、内国博覧会が開催されたあたりは、その後もパブリックな場として利用されてきた。しかも、その利用のされ方には興味深いものがある。そのことを象徴するのが、岡崎のシンボルであり登録有形文化財にもなっている平安神宮の大鳥居であるといえよう。1928（昭和3）年に昭和天皇即位の大礼が京都御所で行なわれた記念に建設され、高さは24.2mもある。なぜこのように巨大なのか。

天皇即位を祝して大礼記念京都大博覧会が実施されたように、内国勧業博覧会以降の岡崎はイベント会場として利用された（写真3）。都市全体で記念行事を行なったり、市民が総出で祝意を示したりする場所として、岡崎は使われ続けたのである。

なかでも、祝意を表す集会によく使われた。日露戦争では戦勝祝賀の会場に利用され、熱狂する多くの市民を集めるごとにシンボルとして巨大な塔が設置された。遼陽会戦の戦勝祝賀では「万歳塔」なる電飾塔が設置され、夜はイルミネーションで飾られたことを当時の新聞は報じている（写真4）。

京都の本格的なインフラ整備として、明治末に四条通や烏丸通の拡築と市電敷設、第二疏水の開削、上下水道の整備の三大事業が行なわれた。その完工祝賀会も岡崎で盛大に実施され、このときも高さ22mにおよぶ巨大なアーチ門がつくられている（写真5）。

こうした歴史を踏まえると、平安神宮の大鳥居があのように巨大なものとなったことも了解できる。大鳥居は、岡崎の空間利用の性格を示すシンボルとしての意味をもそなえるのである。

非日常の場として機能し続けた岡崎

かつては白河殿が造営された別業地で、六勝寺の跡地としても知られる岡崎だが、京都の中心部とは鴨川で遮られた郊外で、しかも東山の麓という絶妙なロケーションにある。その岡崎は、近代においては京都の特異な歴史を体現する場となった。高密度に形成されてきた中心部の日常の場から離れた、もう一つの京都として使われ続けてきたのである。つまり、岡崎は都市としての京都において非日常の場として機能し、その役割は平安京の時代から変わらなかったといえるのかもしれない。

では、現代の京都はこの絶好のロケーションと固有の歴史をそなえる場所を、新たにどのように使いこなせるのか。現代の京都において、もう一つの京都をどのように描けるのか。それは、時代と都市空間の新しい関係を考える絶好の課題となる。

写真3 大礼記念京都大博覧会のようすを伝える絵はがき

写真4 1904（明治37）年に遼陽会戦戦勝祝賀で平安神宮前に設置された「万歳塔」（「京都日出新聞」1904年9月5日）

写真5 1912（明治45）年に三大事業完工祝賀会で平安神宮前に設置された「大緑門」（「京都日出新聞」1912年6月15日）

中川 理　なかがわ・おさむ
京都工芸繊維大学教授。専門は建築学。1955年に横浜市に生まれる。京都大学大学院工学研究科博士課程修了、「大都市周辺町村での市街化に関する都市史的研究──地方税制度との関連を中心として」で工学博士。おもな著書に、『重税都市 もうひとつの郊外住宅史』、『偽装するニッポン──公共施設のディズニーランダゼイション』、『風景学──風景と景観をめぐる歴史と現在』などがある。

岡崎公園の整備の歴史とおもなできごと

	西暦	元号		おもなできごと
明治	1885	M18	6月	疏水工事起工
	1887	M20	9月	インクライン完成
	1890	M23	4月	琵琶湖第一疏水開通式、疏水分線竣工
	1891	M24	5月	蹴上発電所完成(11月から送電開始)
	1894	M27		〈日清戦争〉
	1895	M28	3月	平安神宮鎮座式
			4月	第四回内国勧業博覧会開催（4/1〜7/31）
			10月	平安奠都千百年紀念祭、第1回時代祭開催
				〈日清講和条約調印〉
	1898	M31		冷泉通・応天門通開設
	1899	M32	12月	武徳殿開設
	1903	M36	4月	京都市記念動物園開園
	1904	M37		〈日露戦争〉
			7月	岡崎公園開設
	1905	M38		〈日露戦争講和条約調印〉
	1908	M41	10月	京都市三大事業（第二疏水・上水道、道路拡張、電気軌道）起工式典開催
	1909	M42	4月	京都府立図書館を岡崎に移転
			5月	商品陳列所完成(現在の美術館の地)
	1911	M44	3月	第一勧業館開館、第二疏水完成
	1912	M45	3月	蹴上浄水場完成
大正	1913	T02	8月	第二勧業館北館完成(南館は1929年に増築)
	1915	T04	11月	大典記念京都博覧会開催（10/1〜12/15）
				岡崎運動場開設（京都市初の体育施設）
	1917	T06	6月	岡崎公会堂開設
昭和	1928	S03	10月	平安神宮の大鳥居完成
			11月	昭和天皇大礼記念京都大博覧会開催
	1930	S05		岡崎公園一帯を京都初の風致地区に指定
	1933	S08	11月	大礼記念京都美術館（現京都市美術館）開設
	1934	S09	9月	室戸台風
	1941	S16		〈太平洋戦争〉
	1945	S20		〈終戦〉
	1946	S21	5月	公園一帯をGHQに接収される（1952年に解除）、テニスコート設置
	1960	S35	3月	岡崎公園（10.27ha）が都市計画公園として都市計画決定される
			4月	京都会館開館
	1963	S38	3月	国立近代美術館分館設立
	1969	S44		岡崎公園駐車場設置
	1971	S46	10月	都市景観条例制定
	1977	S52	5月	蹴上インクライン復元
	1986	S61	9月	京都国立近代美術館新築開館
	1988	S63	4月	岡崎公園都市計画変更決定（15.0ha）
平成	1989	H01	6月	琵琶湖疏水記念館完成
	1994	H06	3月	岡崎地下駐車場完成
			7月	京都市勧業館（みやこめっせ）開館
			9月	第11回全国都市緑化きょうとフェア開催
	1995	H07	4月	梅小路公園開園
			8月	新・岡崎グラウンド開設
	2000	H12		京都市美術館分館新設（内部全面改修）
	2001	H13	4月	京都府立図書館新築開館
	2011	H23	6月	「京都会館再整備基本計画」を策定
	2012	H24	4月	再整備事業にともない京都会館閉館

岡崎マップ　文・村松 伸

古都京都岡崎には、わけのわからぬヤンチャナ物件も多数ある。新たな彩を加える原色の数かず。おいおいおい、と突っ込みたくなる風景。そして、国籍不明の場所。岡崎百人百景の参加者の写真から拾った19枚、どこにあるか捜索を乞う！

岡崎の色・イロ・いろ

ベルマーク、入れるポストは、なぜ赤い？　村松一茶

青い擬宝珠（ぎぼし）の下に獅子歩く

「百人百景」撮影範囲

岡崎公園（未開設地含む）

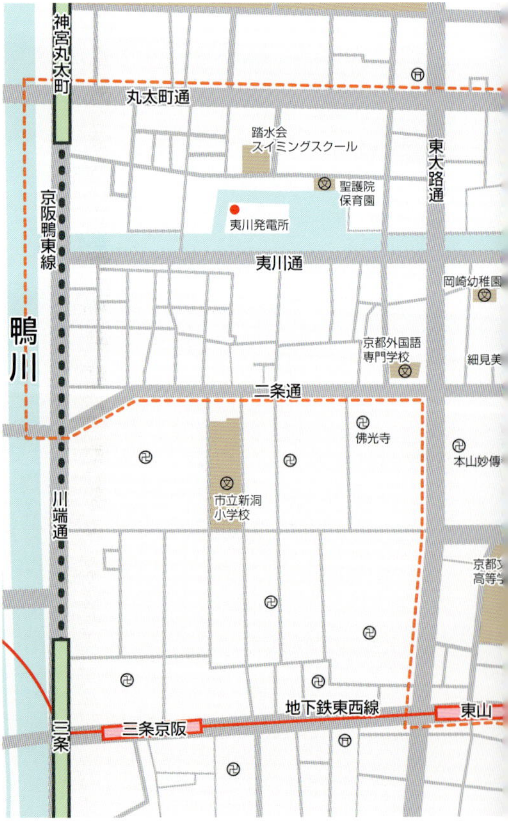

なんだコレ？クション

堀に面した壁に作られたドア。これは何のためにある？

チャーリーさん、ひとりで自転車置き場占領しないで

50mもたない人はどうするかが問題

よい子は塀のそばで遊ばない。駆け出すと塀にぶつかります

立小便をすると、骸骨が出てきます

一番星見つけた。岡崎の一番星は足元にありました

巫女の衣装のクレオパトラが、みなさまをお出迎えします

「この先T字路右左折困難」って、I字路じゃない？

ドライ盆栽も、京都の誇るべき伝統の一つです

青いソフトクリームは、岡崎の名物です

赤バケツが一つ、赤バケツが二つ、赤バケツが三つ……

ここはアオガエル大明神の鳥居です。ご神体は大青蛙様

岡崎には車のまま入れる銭湯があります

黒砂利や、つわものどもが、夢の跡

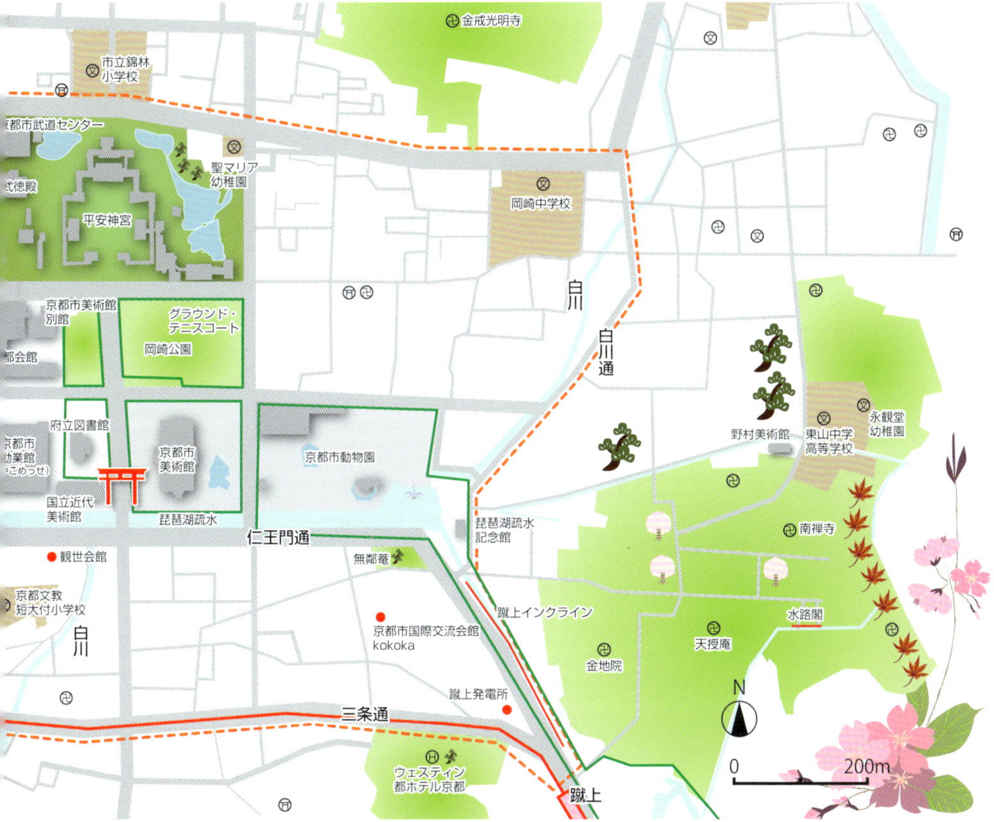

異空間の入口？

ゲゲゲの鬼太郎の父親の家が並ぶ

川の中に作られた水庭園。龍宮城ではあるまいか

素朴な二体の仏が門に並び、あたかも朝鮮半島の風景

みやこめっせ

正式名称は、京都市勧業館。平安建都1200年記念事業の一環として建設され、1996年に開館。設計は川崎清。さまざまな物品が一堂に会する勧業館の歴史は、明治期の博覧会までさかのぼる。博覧会場・岡崎の遺伝子を、現代にまで引き継いだ建物

平安神宮

1895年の平安遷都1100年祭にて創建された神社。祭神は桓武天皇、社殿はかつての平安京大内裏を約8分の5に縮小したもの。設計は、木子清敬、伊東忠太、佐々木岩次郎。1928年に高さ24.2mにもおよぶ大鳥居が登場。その後本殿などの増改築が行なわれ、孝明天皇が合祀された。放火事件で一部焼失したが再建された。神苑内の庭園は、植治こと7代目小川治兵衛の作。春には谷崎潤一郎も描いた紅枝垂桜が満開となる

京都会館

日本を代表するモダニズムの建築家である前川國男設計による多目的ホール。この場所には岡崎公会堂(京都市公会堂)が建っていたが、1934年の室戸台風で崩壊。1960年に国際文化観光都市の中核施設として誕生した。現在、建て替えの計画が進行中

夷川発電所

1914年に建設された煉瓦造の水力発電所。増大する電力需要に対応するために第二疏水事業の一環として新たに建設された。発電所の脇では、琵琶湖疏水の生みの親、第3代京都府知事の北垣国道の銅像が疏水を見つめている

動物園前の噴水

動物園、南禅寺、無鄰菴など岡崎の名所を訪れる道すがら、多くの人の目を楽しませている噴水。役目を終えたかつての南禅寺舟溜を新たな憩いの場へと変えている。脇にある琵琶湖疏水記念館は、疏水竣工100周年を記念して1989年に開館した

蹴上インクライン

疏水の蹴上舟溜から南禅寺舟溜までの落差36m、長さ547mの斜面を船が上下するために設けられた勾配鉄道。疏水が舟運のために用いられていた名残。1948年に運転を停止。現在も線路は保存され、台車と三十石船が復原されている

岡崎のおもな建造物

文・林 憲吾

水路閣

南禅寺境内を大胆に横切る壮麗な煉瓦アーチの水道橋。枝線水路の一部としてつくられ、半円形の水路が、蹴上から修学院を経由して高野方面に疏水を運ぶ。長さは90m以上におよび、外観はレンガと花崗岩からなる。設計は田辺朔郎で、1887年8月に起工し、翌年8月に竣工した。寺社名勝の地であったため建設に苦労をともなったようだが、現在では、中世の禅寺と近代の産業遺産とが交錯する東山きっての魅力的な景観となっている。1996年には国の史跡に指定された

京都市美術館

瓦屋根に千鳥破風で、どこか和風な印象を与える日本で2番目の大規模公立美術館。それもそのはずで、当時のコンペの要件には「日本趣味を基調とすること」とあった。一等に入賞した前田健二郎の設計図案をもとに1933年に竣工

田辺朔郎像

23歳の若さで工事総責任者を務めた琵琶湖疏水建設の立役者・田辺朔郎(1861-1944)の銅像。工部大学校(現東京大学)を卒業した土木技師で、北垣国道に請われて疏水事業に着手した。卒業論文は「琵琶湖疏水工事計画」であった

蹴上発電所

三連アーチの妻壁が印象的な日本でもっとも初期の水力発電所。1890年完成の第一疏水とともに計画された。ここでつくられる電力をもとに、京都電気鉄道が日本で初めて日常的な市民の足として電車を走らせた。夷川発電所と併せて岡崎二大発電所

私の見つめた岡崎

岡崎百人百景本番

土田ヒロミ

50年前の夏、京都に遊びに来ていた私は、蒸し暑さに耐えかねて、この岡崎の「琵琶湖疏水記念館」前の運河で泳ぐことになった（写真右下：琵琶湖疏水記念館前の水域）。

流れは速く、深く、薄青く濁って底が見えず、吸い込まれるような怖さがあったことを思い出す。

そんな記憶をたどりながら、「疏水」の周辺を歩くことにした。記念館からインクライン沿いに坂道を上がり、蹴上発電所を経て、左に折れ南禅寺の森に入る。

森の山肌に突然急降下する太い水管の風景に驚かされる。梢を透して、遥かに出発点の平安神宮の赤い大鳥居が見える。この水管が京都を潤す水、そんな象徴的風景に見えて、暫し、ひとり感動したりした。気をとり直して南禅寺に向かう。煉瓦作りの高いアーチ型水路が境内に乱暴に進入する風景に！　何故、このような破壊が許されたのか。この風景に明治の京都の懸命さを見る思いがした。急ぎ山門を後に、再び記念館に出る。さらに運河に沿って鴨川まで辿り着きたいが……。既に残り少なくなったフイルム。27枚。プロの日常では考えられないショット数である。撮り出したら1分も保たない量だ。しかし、我慢、我慢とセーブしながらのこの日の撮影は、熟視の充実感を久々に体験することになった。

土田ヒロミ　つちだ･ひろみ
主な作品に『俗神』『砂を数える』『ヒロシマ』など。
2007年度土門拳賞受賞。現在大阪芸術大学客員教授。

最後の一枚は……

浅川 敏

都市好きの写真好き。写ルンですを使っての旅の始まり。27枚で歩いた軌跡とともに岡崎に良い風を吹かさねばならない。そうだ、岡崎に行こう、川にそって、移り変わる景色を、写スンです、はい！

街を流れる白川沿いを歩くことに決めた。まずは鬼門より攻める。艮《うしとら》に位置する高岸橋を最初の撮影場所とした。あとは坤《ひつじさる》にあたる三条通の白川橋を最終目標とし、ひたすら水の流れとともに歩くことに決める。が、一つの不安がずっとよぎりながら歩いていた。昔からの習慣でシャッターを押した後フィルムはすぐに巻くという癖がある。大切な１枚がポケットの中でぱしゃり。27枚撮りのカメラとはいっても2枚ぐらいは多く撮れるものと思い込んでいた。なので1枚が真っ黒でもたぶん28枚は撮れる、川沿いを撮り続け、最後の1枚は大鳥居をぱしゃり、という計画で撮影は続いた。そして川の景色の最終地、坤にあたる三条通白川橋にたどりつく。そして靴と靴下を脱ぎ、浅瀬の川の中にばしゃりばしゃり、水面近く低く構える。いよいよ最後のカットをぱしゃりの時、まずはフィルムを巻く、するするする……。フィルムはすでに終わっていた。最後のカットを撮らずに旅は終わった。

浅川 敏　あさかわ·さとし
写真家。街が好き。自然が好き。杜が好き。太陽が好き。どんな物でも、どんな事でも、キラッと輝く、そんな一瞬が好き。

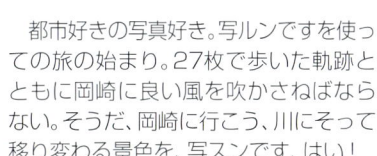

土田ヒロミ賞

総評●参加者のすべてのフイルムを見せていただいた。そこからじつに多くの方が「雨の岡崎」を熱病的に集中して歩き回ってくれたことが読み取れる。雨がそうさせた？ ではあるまい。1/100の一人という役わりが設定されることで、逆に純粋に「個」の特性を自由に発揮させようとする意識が働いたのではないか。部分が全体に、全体は部分から成る——そんな関係がみえてきて、おもしろい「岡崎」となった。〈土田ヒロミ〉

撮影者 No.049　溝井ゆきゑ

岡崎のお地蔵さん

選評▶京の街は、地蔵菩薩の救済ネットワークで結ばれている。地蔵に集中した社会学的視線がいい。しかし、タイポロジーに陥らずに多様に。この地蔵さんは、大きな空と河との真ん中にあって独り奮闘、愛おしい風景です。

撮影者 No.070　岩永 響

はじめまして京都

選評▶平安神宮の隣りにペンギンが住んでいるとは！ この子たちは、いつ、どこからやってきたんだろう。動物園は人間の勝手な欲望。そんな理屈抜はぬきに動物と無邪気に戯れている無垢なまなざしがとてもいい。

撮影者 No.081　山田康祐

無題

選評▶貴方の27枚には街の崩壊の予兆を感じさせる事象が多く写し撮られている。誕生、破壊、再生を繰り返す都市——岡崎もまた、例外でない。自分自身の人生も、破棄と再生のエンドレスな旅であると覚悟する視線（？）がおもしろい。

〈組み写真〉

撮影者 No.094　蒲池妙子

雨でもコレが 撮りたかった

選評▶セオリーに拘束されずに、好奇心旺盛で自由奔放な振る舞いがいい。しかし、おもに注視しているのは、新旧の事物、事象が交差している空間である。覗き込むような視線が日常の風景に重層した時間を捉えることに成功している。

淺川敏賞

総評●カメラとともに街を歩くコトを通じて、街を楽しんでいるヒト、旅を楽しんでいるコト、写真で楽しまれているコトやヒトやモノ。そんな写真でちょっとだけ僕のお気に入りを選びました。でも皆さんの写真全部よかったですよ。
〈淺川 敏〉

撮影者 No.017　小野仁美

無題

選評▶街や景色と対話してる感じの写真がいっぱいありましたよね、それでね、この写真を見た時、空を見上げてカメラを向けた小野さんの姿が一瞬見えたんです。はい。

撮影者 No.044　原田由美

岡崎の『赤』はどこにある？

選評▶朱色を求めて歩き続けたうちの一枚、街を切り取ってもう一つの世界ができていて、僕はね、この写真の中でたくさん遊べるんです、とっても大好きな写真です。はい。

撮影者 No.110　林 憲吾

ぐるりの条件

選評▶さすが街の観察のプロフェッショナル、関係者と知っていましたが好きなものは好き、選んじゃいました。数枚お気に入りがあって、なかでもこの写真、時の移ろいを感じるんです。はい。

〈組み写真〉
撮影者　No.008　町田夏季
20120304_Okazaki

選評▶街歩きも撮影も楽しむ、まさにドンピシャな眼差しですね、そこでであったヒトを巻き込む、素晴らしい路上パフォーマンス、元気と笑顔たくさん貰っちゃったんです。はい。

地球研賞

総評●136人の全作品3,600枚を見ること、それらから何かを感じること、その中から選択すること、すべてが初めての経験でした。写真のプロの視点とは異なる、地球環境の専門家からの視点を、そこに読みとっていただけるならば、初めての挑戦は成功だと言えるでしょう。〈村松 伸〉

撮影者 No.013
佐々木直子
岡崎で見つけたカタチ

選評▶足もとの雑草、頭上を覆う木々や電線。身近なまちの、ふだんは目だたない部分をみごとに浮かび上がらせた作品。あたりまえすぎるあまりに〈なにか〉を見すごしている日常へと想像力をかきたててくれる。〈鞍田 崇〉

撮影者 No.057　津田央起
明治の開拓地　岡崎今昔

選評▶雨の中の撮影会。そんな環境のなかで岡崎をしっかり見つめた作品。左には近代建築の京都会館、中央にはケヤキ並木、その奥にひろがる東山。 アスファルトの水面と混ざりあったこの風景は、「岡崎今昔」のテーマにぴったり。〈林 憲吾〉

撮影者 No.082　南家識子
橋から見た岡崎。

選評▶人と水との接点である〈橋〉をテーマにした視点がなんとも岡崎らしい。川縁の家々の風景は住まう人びとの日常を写しだし、あふれる緑や芽吹きはじめの木々は新しい季節への移ろいを教えてくれる。自然や生活、そこに流れる時間まで切り取った〈まなざし〉がいい。〈林 憲吾〉

〈組み写真〉
撮影者 No.066　森 愛子
街と緑

選評▶母、妹と3人で参加したこの方は、岡崎の緑に着目した。まちにはさまざま緑が異なった様相で存在している。その姿を的確な写真技術で写し撮ったところに感心した。岡崎の地であることが、控えめだがはっきりと出ているところもよかった。〈村松 伸〉

136人が見つめた「2012年3月4日」の岡崎

「写ルンです」を携えてフィールドに飛び出した136人の参加者たち。そのカメラがとらえた岡崎の景色は、136人・136色。しかも、全作品数は約3,600枚。すべてを掲載するわけにもいかず、一人につき9枚だけに割愛せざるをえません。そのうえ、最初の1枚は参加者の顔写真です。では、残り26枚のうちから8点の作品をどう選ぶか。座談会でも話題になっているように、この企画は写真のコンテストではありません。そこで編集部で以下のルールを定めました。

顔写真(■)を除く最初の1枚と最後の1枚(■)はかならず掲載し、残りの写真は撮影順に六つに区分し、各区分からそれぞれ最後の1枚(■)を機械的に選択することにして、第三者の主観を排除しました。極度にピンぼけなどで被写体が不鮮明な場合にはその一つ前、それもダメな場合は一つ後ろの写真を採用することにしました。

合計枚数が27枚に満たない場合は、1区分あたりの枚数を減らして調整しました。こうしてあえて機械的に選択することで、「偶然」も見つけました。たとえば、最初の1枚に平安神宮の大鳥居を選んだ人は少なくありません。同じページに配した3人の写真のなかに共通する被写体が潜んでいたりもします。

参加者自身がつけたテーマとコメント(抄)もユニークです。撮影ルートも添付しました。見通しのよい大通りを選んでずんずんまっすぐ進む人、狭い路地を好んでくねくね歩く人。歩いた距離もルートもさまざま。それぞれの軌跡を比較して楽しんでください。撮影ルートと作品と撮影者の顔とを見くらべながら、136人の「3月4日」を追体験してみてください。次は、この本を携えたあなたが、現地で136人の軌跡をたどってみませんか。

撮影撮ルート図の凡例

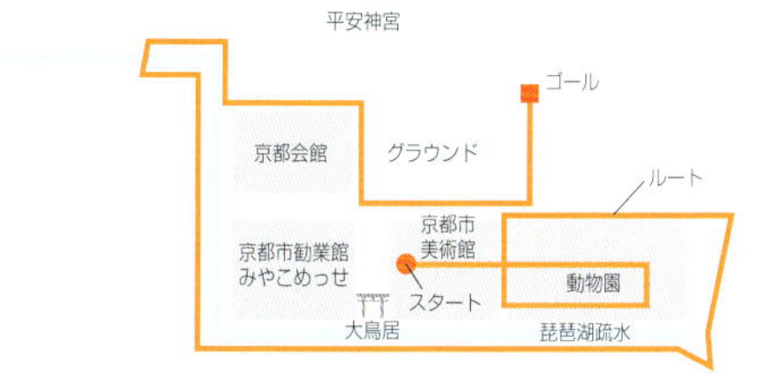

撮影枚数	顔																										
27	1	2	3	4	5	6	7	8	9	10	11	12	13	14	15	16	17	18	19	20	21	22	23	24	25	26	27
26	1	2	3	4	5	6	7	8	9	10	11	12	13	14	15	16	17	18	19	20	21	22	23	24	25	26	
25	1	2	3	4	5	6	7	8	9	10	11	12	13	14	15	16	17	18	19	20	21	22	23	24	25		
24	1	2	3	4	5	6	7	8	9	10	11	12	13	14	15	16	17	18	19	20	21	23	23	24			
23	1	2	3	4	5	6	7	8	9	10	11	12	13	14	15	16	17	18	19	20	21	22	23				
20	1	2	3	4	5	6	7	8	9	10	11	12	13	14	15	16	17	18	19	20							
18	1	2	3	4	5	6	7	8	9	10	11	12	13	14	15	16	17	18									
17	1	2	3	4	5	6	7	8	9	10	11	12	13	14	15	12	17										
14	1	2	3	4	5	6	7	8	9	10	11	12	13	14													

No.001 Zoo

はじめに立ち寄ったカフェで聞いた一言、「窓際のカウンター席はフラミンゴが見えるので人気です」が今回のテーマになった。京都市民ならかならず一度は訪れただろう動物園。懐かしい思い出と動物園をとりまく現況を切り取ってみた。

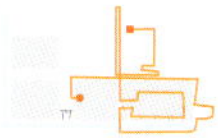

No.002 無題

観光地や美術館ではなく人々の生活の場所としての岡崎、美容室や民家と民家のすきまにあるお地蔵様など、聖と俗と生活が共存している感じを撮影できたらいいなと、いどみました。

No.003 無題

岡崎で積み重ねられた歴史は、昔も今も住む人たちにとっては特別な時間ではなくて、何気ない日々の、何気ない暮らしの積み重ねだったんじゃないかな。そう思い、日々の暮らしや息遣いの感じられるようなものを、自由に撮りました。

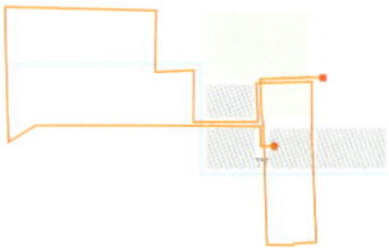

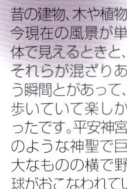

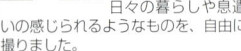

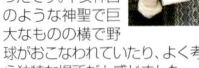

No.004 昔と今と何気ない風景、たまに植物

昔の建物、木や植物、今現在の風景が単体で見えるときと、それらが混ざりあう瞬間とがあって、歩いていて楽しかったです。平安神宮のような神聖で巨大なものの横で野球がおこなわれていたり、よく考えたら独特な場所だと感じました。

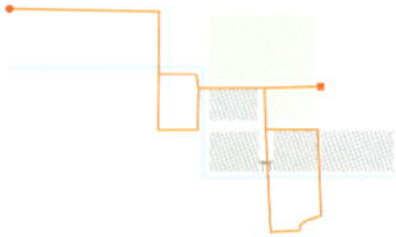

No.005 岡崎 A to Z

「写ルンです」で撮影とうかがったとき、26枚＝アルファベットが連想されました。アルファベットのＡからＺまでを見立てとして挿入したとき、観光案内などで見慣れたシーンが、少し違った情景として浮かび上がってきました。

No.006 2012年3月4日(日)まちとひととひとびと

ボクが歩いて出会えた人たちに、ちょっとだけこっちを向いてもらいました。ありがちなスナップですが、この日この場所で出会えた皆さんへ「ハイ、チーズ！」 いろんな人がいるから魅力的な町なんだと思います。

No.007 緑

自分が惹かれる緑は、かつて人によって植えられたものの、いまは放置されている、そんな緑なのだと気づきました。飼いならされず、少し暴力的なモノ――それが残されている街の懐の深さを岡崎に見ることができました。

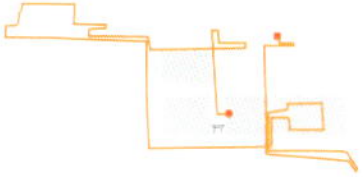

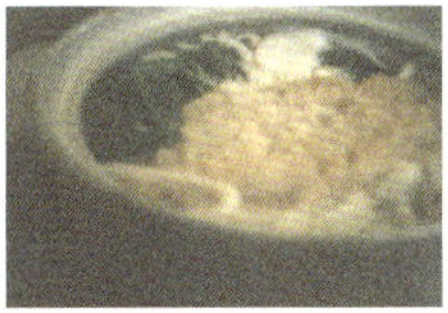

No.008 20120304_Okazaki

岡崎のスポットとそこにいる人。今日の岡崎の記念写真。今日しか会うことのできなかった人たちを26枚に。岡崎には注目スポット＆人が多すぎる！

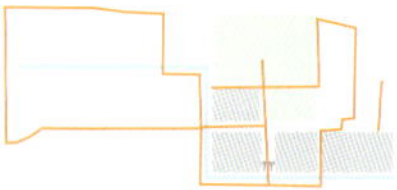

No.009 岡崎半日

「岡崎らしいものを！」と意気込んでいたけど、撮っているうちに、自分がおもしろいと思ったものに寄っていて、「どこが岡崎らしい？」になった気がする。でも、思惑から外れた写真が1枚でもあると、きっと嬉しい。

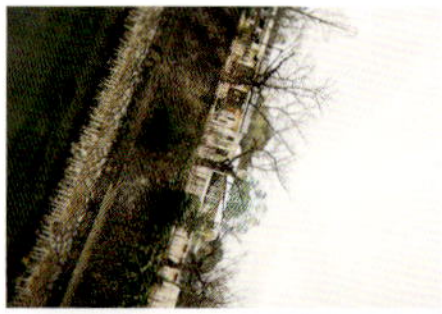

No.010 シンボル 鳥居を中心に撮影した。

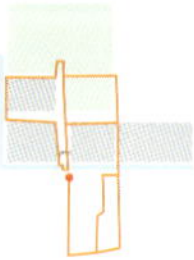

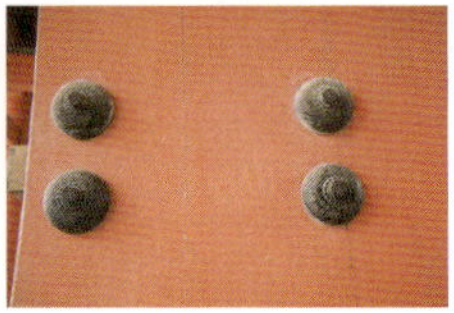

No.011 メカケルメ

一つの写真に二つの被写体を取り入れてみました。①二つに遠近をかける、②二つに関連性をかける、③二つに想いをかける。そして岡崎をかけた写真になりました。

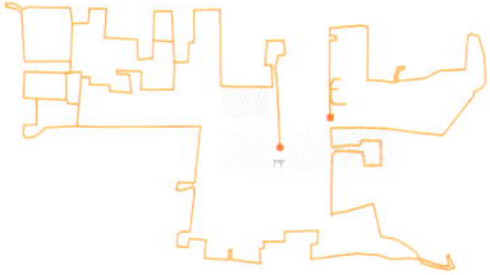

No.013 岡崎で見つけたカタチ

住み、慣れ親しんだ岡崎を撮影するということで、これまであまり通ったことのない道を中心に歩きました。いつもとは違う視点で岡崎を見つめると、小さいけれど素敵な発見をすることができました！

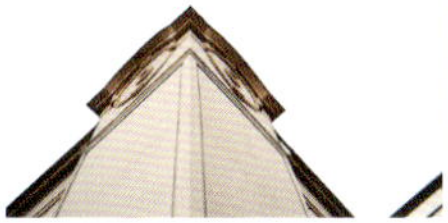

No.012 私の好きな岡崎の風景

岡崎地域のまちづくり活動をはじめて３年目。これが岡崎、と思える場所がたくさんできました。もっと魅力的な場所になって岡崎を楽しんでくれる人が増え、その感動が大きくなると良いなと思います。

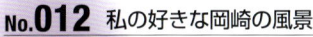

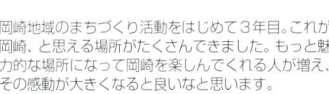

No.014 OKAO

百人が歩けば百通りの表情を見せる岡崎のまちを歩き、木の模様、建物の柱、道端の街灯など、直感的に「かお」に見えたものを撮りました。私の写真も岡崎の風景のように、見る人によっていろんな顔に見えたらよいなと思います。

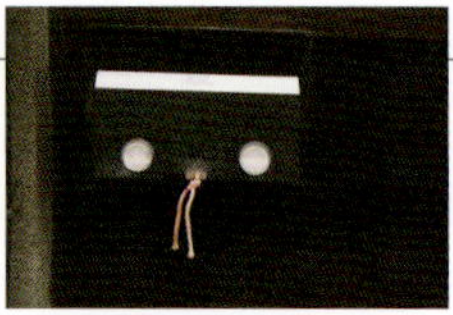

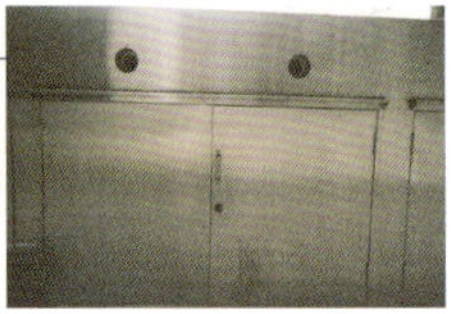
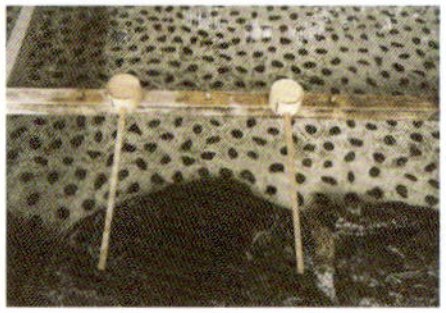

No.015 わくわくした記憶

子どもの頃のわくわくや発見、憧れの気持ちを思い出して、そのまま写真を撮りました。外をかけまわっていろんなものを遊び道具にしていたことや、雨の日の母との散歩を思い出してとても楽しめました。

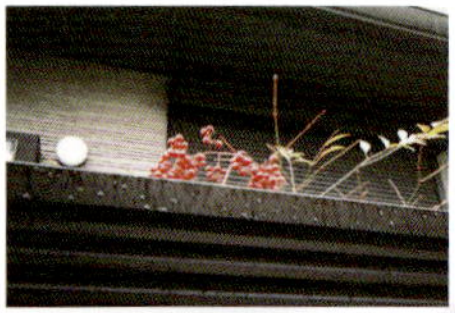

No.016 岡崎の古い建物と風景

岡崎に昔からあると思われる建物や風景を中心に撮影しました。

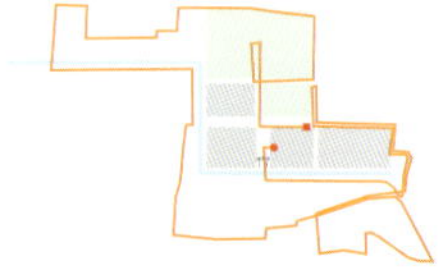
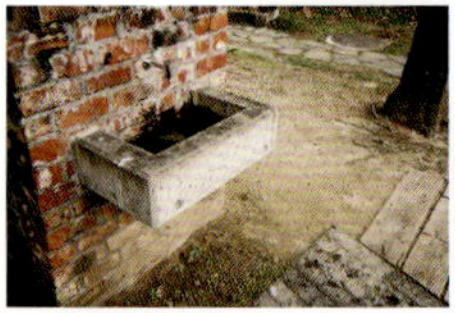

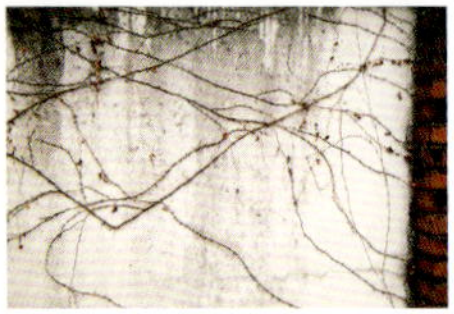

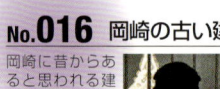

No.018 BORDER UNSEEN

岡崎の境界。どこかにあるはずだけど、地球の上に線が描かれているわけでもなく、それはいわば「結界」と同じで、かなりメタフィジカルなものじゃないんだろうか。境界（BORDER）で、岡崎を定義づける。

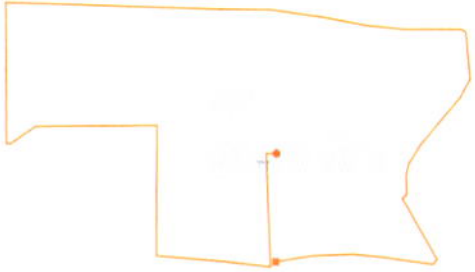

No.017 無題
(No coment)

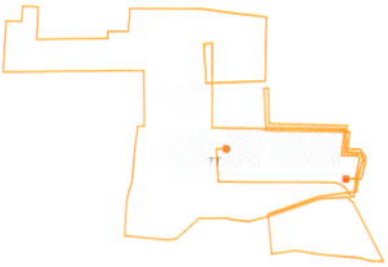

No.019 無題

古都「京都」。今回、初めての訪れです。たびたび訪れているヨーロッパの店構えそのものに見えた店舗を写真に撮りました。Kyoto と Europe で Kyorope と勝手に名付けました。

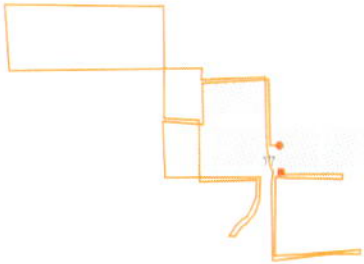

No.020 思い出はいつの日も雨

私は、なにかと雨に縁がある。楽しみにしていたら絶対、雨。でも今日はおばちゃんが長話をしてくれたり、商店街がまさかの休日だったり、動物園の動物が元気だったり、雨でもけっこう楽しい。いや、雨だったからこそ楽しい1日になった。

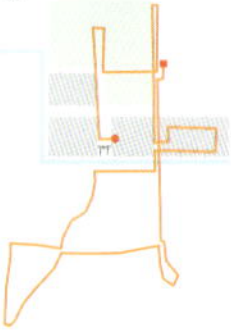

No.021 小春と心晴る

人生は常に「生放送」だと思う。舞い降りた神様がすばらしいことを起こしたり、放送事故のようなことも起こりうる。何があるのか、どんな出逢いがあるのか、そんな撮影者のワクワク感と、新たな岡崎のおもしろさを表現できていれば幸いだ。

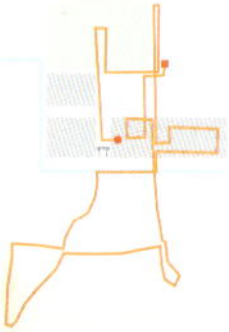

No.022 途中、立ち止まる。

いつもの景色を、ただ素直に撮りたかった。普段、写真をたくさん撮っているわけでもなく、知識もない私だけど、立ち止まって、切り取りたい風景を見つける。なにげないことでも、すてきに思いたい。

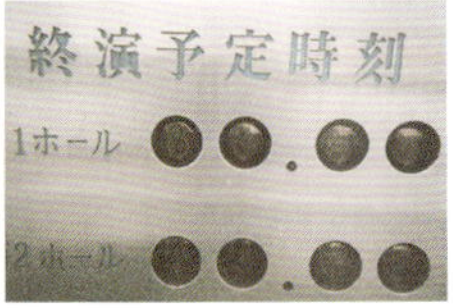

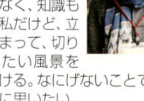

No.023 無題

しっとりと冷える雨の中で、春の訪れを待つ岡崎。たくさんの桜のつぼみに輝く水滴、重なる風景。そんななか、すきだとぱっと嬉しくなる光景や長く大切にしたいと直感的に思う光景を切りとりました。

No.024 観光地・岡崎

観光地としての岡崎が、住宅を再生させ新しいものとして利用するなど、生活感のある空間として見ることができたことが発見でした。しかし、そのなかで日常生活を営み、古屋や廃屋や空き地をみる人びとにとっての地域の再生とは？

No.025 心地良さをつくるモノ

生活にあると心地良いモノ、うれしいモノ、好きなモノをテーマにまちを撮影しました。大切にしたいのに、無くなりつつあるものが多いようにも思います。

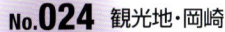

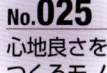

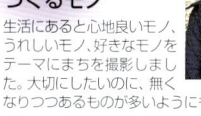

No.026 ぶらり岡崎

幼少の頃、祖母を訪ねた岡崎。いまはもうその家はなく、周りもずいぶん変わっています。嫁いできたのもここ岡崎の近く。私にとって縁のある土地なのでしょう。いつもは車で通り抜けるだけの岡崎を今日はぶらり歩いてみます。

No.027 通学路

岡崎在住。岡崎中学校出身。おさない頃のあそび場や通学路をひさしぶりに巡ってみました。秘密基地に入れなくなっていたり、新しいお店ができていたり……。そこらじゅうに思い出が染み付いていて、なんだか切なくなりました。

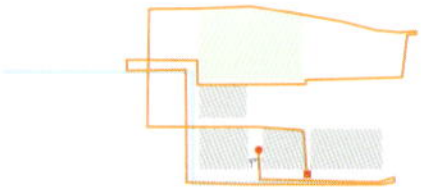

No.028 岡崎B級遺産

とるに足りないものだけれども、なんだか懐かしかったり、うれしくなったりするもの。歴史的、文化的価値はなくてもどこかには残っていてほしい、そんなものを撮影しました。

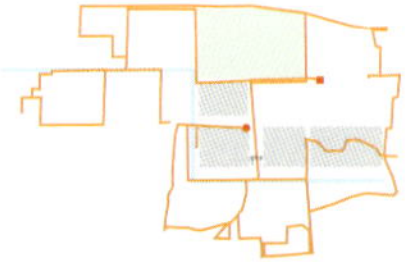

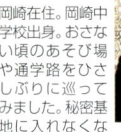

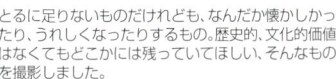

No.029 歴史の中の暮らしとは何か

芸術文化の中心だと思い、学生時代から足を運んできた岡崎。それとは別の姿に、つかの間ですが、触れることができた一日でした。足の向くまま、気の向くままに立ち止まっては、感じたものにシャッターを切りました。

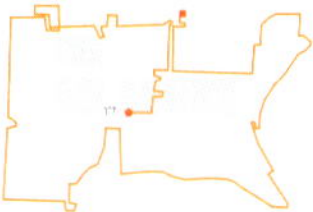

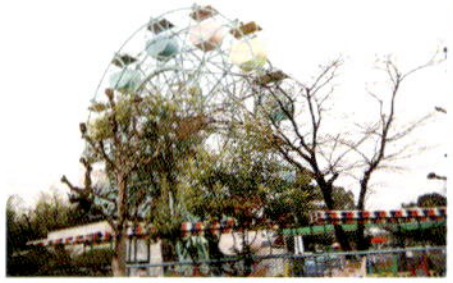

No.030 無題

大阪から来た京都素人の私がこの街で目にした風景。ここにしかないもの、珍しいもの、おもわずツッコミたくなった瞬間を切りとりました。岡崎には不思議な風景がひろがります。

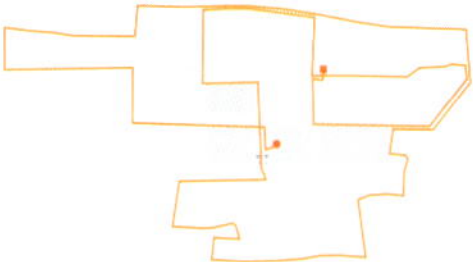

No.031 おかざきの水まわり

私はびわこのちかくにすんでいます。びわこの水をとてもたいせつにしています。鴨川まで流れたびわこの水は、岡崎でどんな運命になるのか……。今回私が撮ったのは、岡崎の水まわりです。

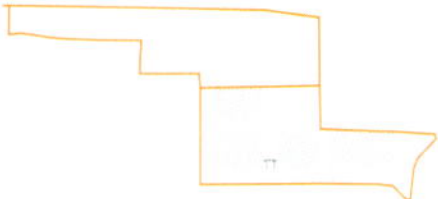

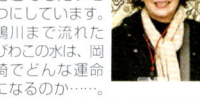

No.032 無題

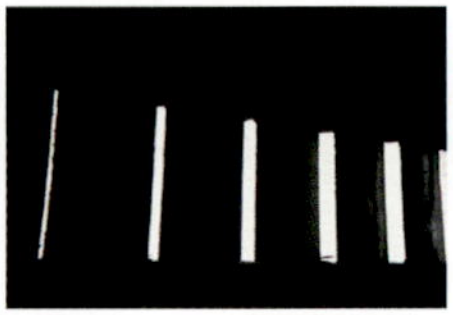

京都の空間、スキマ、スペース。

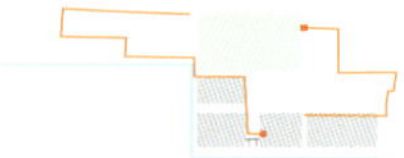

No.033 無題

よく来る場所を自分はどれだけ知っているかと思い、街を歩いた。でも実際は知ることのなかった新しい風景ばかりが広がっていた。知っている景色でも視点が違えば違って見えた。そんな知ってるようで知らない景色を撮ってみた。

No.034 私の知らない岡崎

いつも車で通り抜ける街をゆっくり歩くと、新しい発見がたくさんありました。観光の街・岡崎だけど、一歩路地に入ったり、レトロモダンなお店に入ると、笑顔の素敵な店員さんやシャイだけどお話が楽しい店員さんとの出会いがありました。

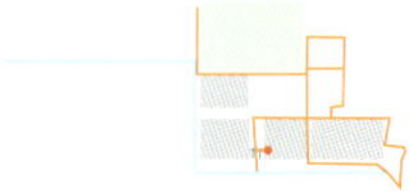

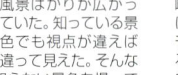

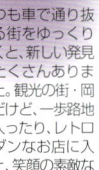

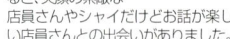

No.035 早春の雨

岡崎を歩くことはほとんどなかったので、新鮮な目線での撮影となった。そのなかでも春の訪れや昔ながらの街並みを感じることができたのは楽しかった。晴れた青空の日にもう一度同じ所をまわって撮ってみたいと思う。

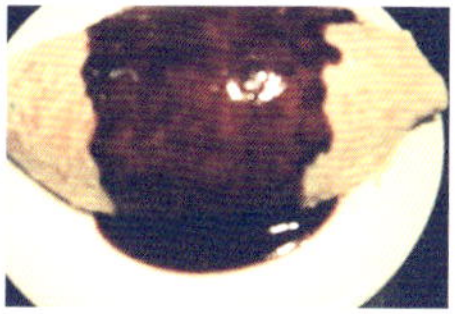

No.036 無題

現在、過去、未来をテーマとしていたが、ムリだった。

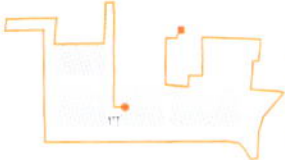

No.037 24.3.4. 岡崎周辺

はじめての岡崎周辺。

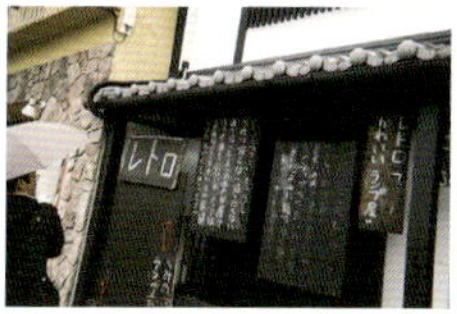

No.038 歩いて見つける私だけの京都

近すぎて観光というより食事に来ることが多かった京都。一人でじっくりと京の街を歩く時間を、今回ははじめていただきました。歩いて歩いて岡崎らしさを写真に収める。見ためとファインダー越しは、多少違って見えた。

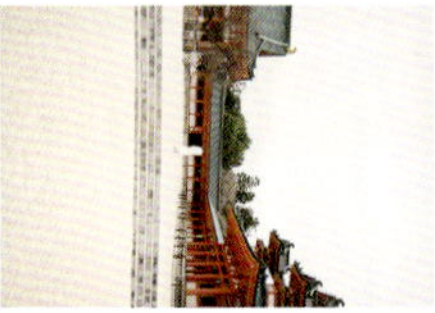

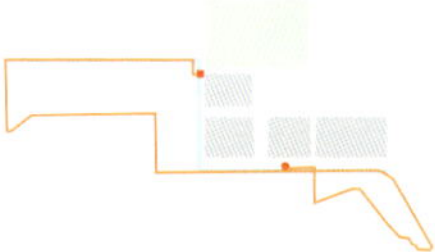

No.039 岡崎とカワイイものたち

あいにくの雨でしたが、京都、岡崎のまちには、ステキなカフェやユニークな看板があり、たくさんのカワイイ仲間たちに出会えました。

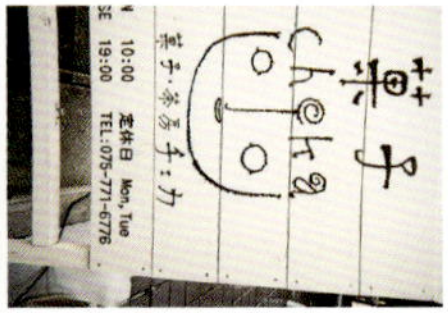

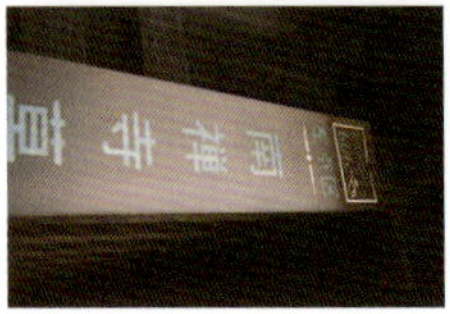

No.040 発見

メインの平安神宮の他に、「こんなとこ」や「こんなものあったんだ」という発見の目線で撮りました。普段は歩かない場所も歩き、楽しかったです。

No.041　岡崎と社叢からみた街

都市に森をつくることをテーマに路地の植物やプランターに焦点を当てた。京都は盆地だから東山がすぐそばにあって、借景をかたちづくっている。一種の箱庭のような都市の借景が生活空間に緑の補完関係を生み出すだろう。

No.043　縁

中学と高校の修学旅行で京都を訪れ、大学の入学式は桜満開の京都会館。縁あって京都に嫁ぎ、3年前からは岡崎地区に住むことに。子ども3人はマリア幼稚園にお世話になり、1人は岡崎中学出身。岡崎の地は、私と家族にとって故郷です。

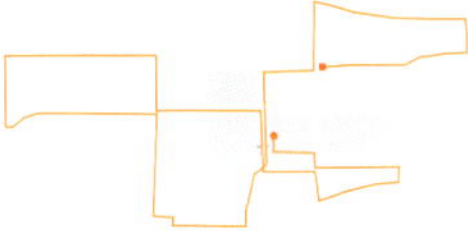

No.042　無題

20年以上京都に住み、街の移り変わりを見てきましたが、今では記憶の中にしかない場所も増えました。なくなってからでは写真も撮れない、記憶は永遠ではない。そう思い、岡崎周辺の思い出のある景色や建物を撮影しました。

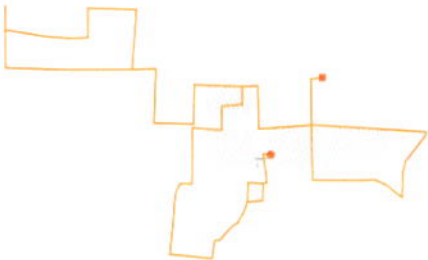

No.044 岡崎の「赤」はどこにある？

緑豊かな景色が目に浮かぶ岡崎に、はたして「赤い色」はあるのか？　活気や生気を感じる「赤」を探したくて、歩きました。さまざまな「赤」が見つかり、そして気づきました。岡崎の中心には鳥居という「赤」があったのでした。

No.045 思いつき

テーマを決めて撮影しようと思いましたが、結局、思いつくままにシャッターを押しました。建物や花、名所など、とりとめのない写真ですが、いっしょに歩いた人たちと楽しい会話をしつつ、とても楽しい一日でした。

No.046 心惹かれて

古きよきものとともにゆっくりとした時間を過ごせる。でも、新しい現代的なものも、となり合わせにあるので日常の生活にスムーズに戻れる。そんな新旧のバランスのよさが、日頃の疲れを癒そうと思った時、京都に行きたくさせるのだろう。

No.047 花見月(陰暦三月の異称)の岡崎27景

毎年４月の第一土曜日に、友人たちと岡崎でお花見会をしています。桜の花のないこの時期に、同じコースを歩き、これまでは桜花に眼を奪われ、気に止めなかったり眼に入らなかった物や景色を撮影できたらいいなぁと思いました。

No.048 新旧混在

出発点から見えた、数年前に改修された大鳥居と長年そこにある大木から始まり、現代的な建造物、明治大正期のもの、モダンな建物に伝統的な鬼門除けの建物を配した民家など、新旧、和洋の混在した不思議なエリア、岡崎を再認識した。

No.049 岡崎のお地蔵さん

昔から、京都のあちこちで子どもを見守っているお地蔵さん。近年の少子化の波やクールな近所付き合いの風潮のなか、岡崎ではお地蔵さんが、どこでどのように佇んでいらっしゃるのか。そんな「お地蔵さん探し」の旅に出てみました。

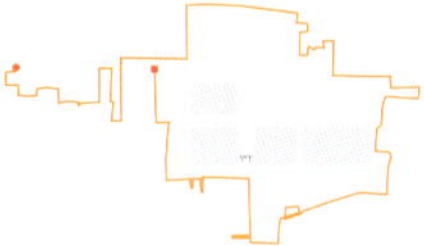

No.050 無題

過去にゆっくり時間をかけて散策したことがないインクラインを目指してスタートし、蹴上の発電所の重厚な建物には、歴史の重さを感じました。平安神宮の朱色の鳥居とその近隣にある建物がマッチしていることに感心しました。

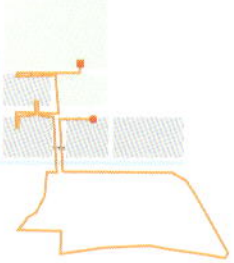

No.051 お気に召すまま

特にテーマは設けずに、撮りたいものを撮ろうと思いシャッターを切りました。動物園、京都会館、平安神宮……。私の想い出のある場所を追いながら、今回歩きながら目についた気になった景色をカメラに収めました。

No.052 あたらしいもの、ふるいもの

岡崎は新しいようで古く、古いようで新しい。平安時代からのものがなくなって、その上に新しい街が築かれてる。古いものと新しいものが共存する。
また、外国のものが日本に根付いている。そんな風景を撮ってみたいなと感じました。

No.053 岡崎を彩る赤

観光都市京都の中で、特に多くの観光客が訪れるエリアの一つである岡崎。平安神宮に代表される「赤」は、岡崎を美しく彩る色です。街で見つけたさまざまな赤を、フィルムカメラに収めました。

No.054 岡崎建物探索

古くは平安時代に「白河殿」や「六勝寺」が造営され栄華を極めた頃から平成に至るまで、それぞれの時代を語る建物が造られている岡崎。各時代を象徴する建物を独自の目線(?)でピックアップしました。

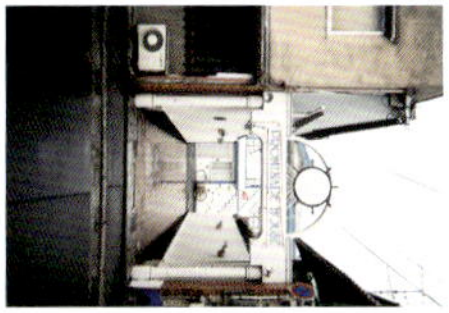

No.055 東京には見当たらないもの

少しは知っていた疏水からはじめて、白川の流れるところも歩いてみました。人びとが生活するすぐ近くに川の流れ、水の存在があって、なんとなくほっとします。結局、水のある場所を追いかけて撮影しました。

No.056 無題

ふと心惹かれた風景、物、植物にカメラを向けました。普段は車中心の生活で、こんな所にこんなモノが、風景が、という発見に充ちた、楽しい時間でした。

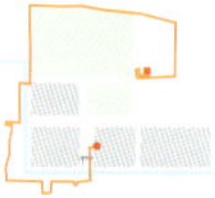

No.057 明治の開拓地 岡崎 今昔

明治に開拓された風景や今も市民に愛されているもの、一方で変わらずに残っているものを収めようと思います。

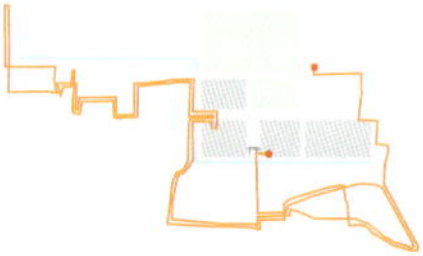

No.058 かんばん

よく知っている町・岡崎の「看板」をテーマにしました。普段気づかない通りで古本屋さんや防災グッズにであったり、小学校の社会科見学で行ったインクラインに懐かしさを感じたりしました。看板越しにみる岡崎はなかなかおもしろかったです。

No.059 なじみの岡崎

小さい頃からよく来て、京都市内の中では比較的空が広く、文化が凝縮しているこの地が大好き。文化と、山と、疏水と。人の心を和ますモノが揃っている。そして意外にもラブホ街があったりする。豪邸もある。なにか、落ち着くものがある。

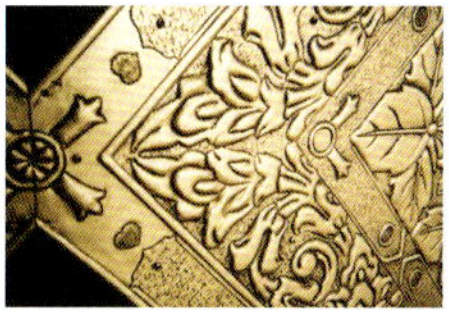

No.060 あそび

普段はデジカメで写真を撮っていますので同じものを何回も撮って、その中から一番良い画像を選びます。今回は一回で決められるようにがんばりたいと思います。

No.061 雨・ときどき笑顔

当初、顔の表情に見えるモノに照準を合わせていましたが歩き回る過程で、「目が合ったときに映す」を基本に。雨の中、人の表情はややグレーに景色に溶け込んでいた反面、金属や人工物はあるがままの姿で力強く存在していると感じました。

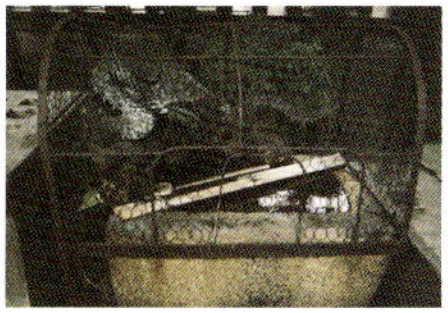

No.062 無題

まるいもののあふれるしかくいまちが雨にぬれて輪郭を失っているような感じを。

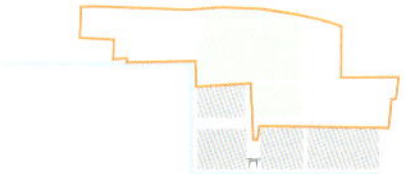

No.063 無題

京都の町にはさほど来たことがなく、岡崎もほぼ初めてまわる土地だったので、新鮮に思えたところを撮影しました。

No.064 観光地というテーマパーク

京都には裏と表、人に見せる所と見せない所があることに、今回のまち歩きで気がつきました。京都の観光地というイメージは作られたもの、もしくはぎこちなさを伴いつつ景観を保持しているテーマパークという認識に変化しました。

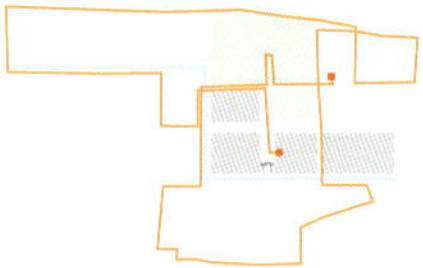

No.065 ミーハー

京都といえば、背が低く統一感のある日本建築の住宅、寺社などの歴史的建築物があるというイメージがある。そのイメージを壊さないためにも、「THE・京都」といえるような物を中心に撮った。

No.066 街と緑

岡崎は京都の中でも歴史的建造物等の古い街並みが特別の懐かしさを感じさせる場所です。そして自然が多く残る地域でもあります。その二つが上手にバランスがとれた街だと、歩きながら眺めていて思いました。

No.067 進めそうで進めないわくわくロード

私の好きな場所は、狭くて入っていけそうな所です。普段から自分が住んでいる場所でもそういった所をつい探してしまうので、このテーマにしました。そこだけなにかありそうで、異世界の入口に見え、とても楽しくなるんです。

No.068 「春の兆し」

雨空の中、そびえる平安神宮の朱の色。とくに鳥居は空を明るく照らし、一瞬晴れているのかと見間違うかのようでした。夕方に近づく町に、オレンジ色の灯と朱と、思わず写してしまった信号の赤。その中に岡崎の春をほんのり見たような気がしました。

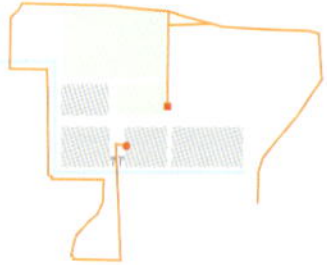

No.069 無題

岡崎の風景、文化、歴史を表す、たてものや人物をさがしました。川、美術館、ビルなどがみつかりました。撮りたいものはいっぱいあった。26枚ではたりなかった。

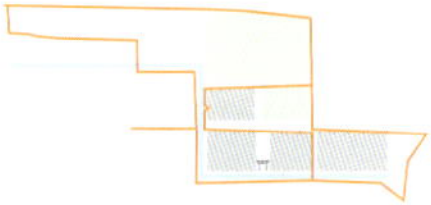

No.070 はじめまして京都

京都を歩くのは、はじめてでした。住んでいる奈良と同じ、古い都というのに、とても広くてにぎやかなことに、おどろきました。お寺がとても多くて、いろんな所にあってすごいなあと思いました。出会ってびっくりしたものを写しました。

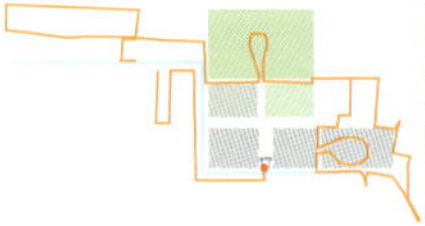

No.071 小さい春みつけた！

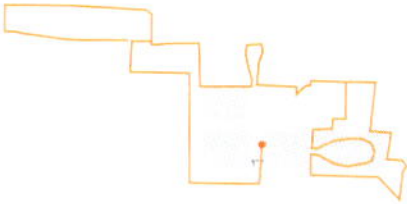

「東風吹かば匂ひおこせよ梅の花　主なしとて　春な忘れそ(ne)」。高校時代に習った歌とフランス語の否定形があいまって思い出される季節です。3月4日の岡崎あたりに春の香は流れているでしょうか。

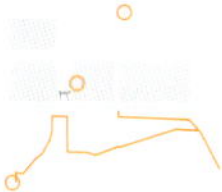

No.073 赤と朱(あかとアカ)

街の中で目立つ赤(朱)い色。自己主張のため、お洒落のため、イメージを喚起させるため。見つけてもらうのを待っている。日常生活において存在を自らアピールすることによって役立っているモノたちを、じっくり探してみることにしました。

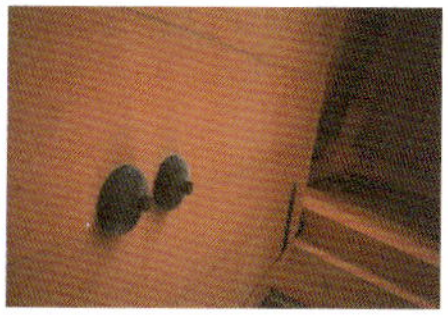

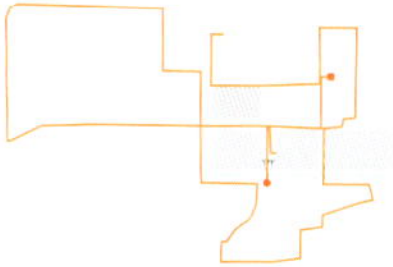

No.072 岡崎 '120304この時

岡崎地域は、これまでじっくりと見ていなかったので、今日再発見したものもあります。ただし、防災上、とくに火災に対しての対策をする必要があると考えました。道巾が4m 以下の場所がかなりあります。

No.074 岡崎再発見

岡崎は実家で、見慣れた風景である。けれど、今回の撮影会で、どれほど新しい出会いがあったことだろう。自由に散歩しつつ、新たに発見しながら巡る岡崎はとても楽しかった。まち歩きをとおし、岡崎の魅力を伝えるべく撮影しました。

No.075 水のあるところ

水に関係するところをがんばって撮ってみました。意外にたくさんありました。

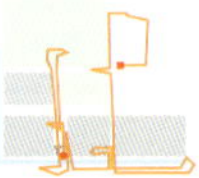

No.076 無題

雨の中の町で、みつけたものや好きなもの、おいしかったものを撮りました。この辺りを歩くのは初めてだったので、いろいろな発見があり、楽しかったです。

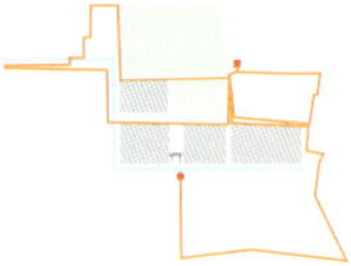

No.078 無題

南禅寺の近くで育った父に連れられて、子どもの足で歩いた岡崎界隈。今回は、父との会話の記憶を案内に、半世紀以上前に出会った風景探しです。この空間が好きだった父の気持ちが、少しわかるようです。

No.077 旧いもの

れきしをかんじるもの、ふるいもの、なつかしいものをえらんでみました。ずっとあめでした。

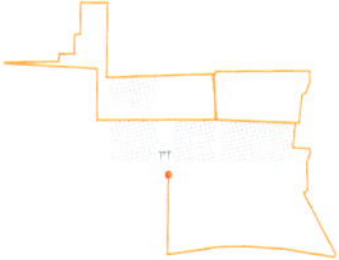

No.079 痕跡

岡崎の痕跡がもつ表情を雨の中でさがしてみた。

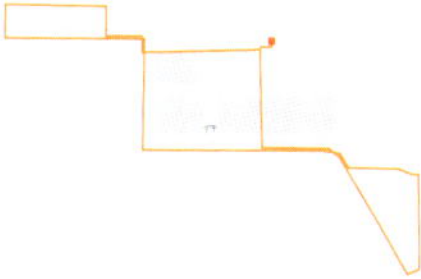

No.080 岡崎のある軌跡

岡崎には長い歴史によって培われたものが数多く残っています。いま残っている歴史や文化の跡がこの後もずっと受け継がれていけばと思います。あたり前の景色の中にある「特別」が失われてしまいませんように。

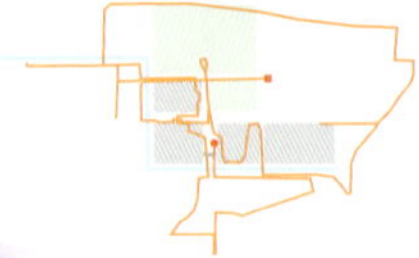

No.081 無題

なにも考えずに自分の興味あるもののみを撮影した。全体的には寂しさを感じるようなものばかりを撮影してしまった。雨であったせいか人が少なく、人を失った街のようであった。

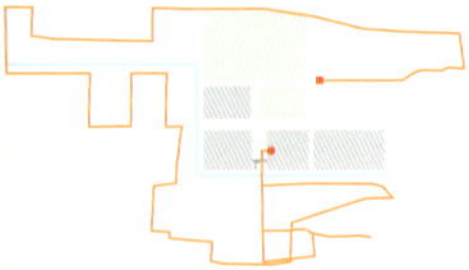

No.082 橋から見た岡崎。あるいは、岡崎と橋。

水の流れを撮れないかと考えながら岡崎を歩くと、かならず橋に出会いました。橋をよく見ると、ちゃんと名前が付いてます。普段ただの道としか見ていない橋。どんな橋が、どんな名前であるのだろう？ 橋から岡崎を追うことに決めました。

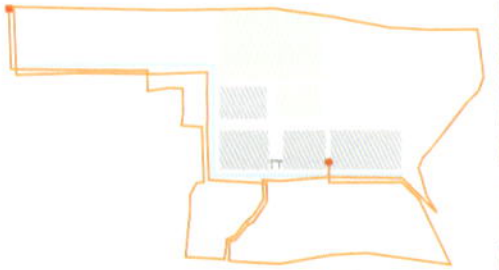

No.083 無題

雨の中の撮影になりました。「すかっ」と広がる青空と鳥居のポスターにひかれて申し込みましたので、少し残念です。ただこんなことでもなければけっして歩かないような日の散歩となりました。

No.084 岡崎の空の下　傘と散歩

朝は雲り、そして、しばらくすると雨がしとしと。そんな空の下、私たちは色とりどりの傘をさして、かわいいモノ、おいしいモノ、かっこいいモノたちを探して散歩しました。少しだけど新しい発見もありました。次は、晴れの日に来てみよう。

No.085 じかん

大なり小なり、すべての物・者には時間の流れの痕跡がある。多くの人が目を向けるものと同時に、私が今日歩いて見つけた、時間の小さな場面を切りとりました。写した対象が積み重ねてきた時間や少し前後の時間を考えながら撮りました。

No.086 だる満のそば

京都に引っ越してきた当初、今日みたいな雨にうたれ凍えて立ち寄った店がそば屋のだる満。心も体も温まったことを覚えています。最後の一枚をだる満のそばでしめようと思ったのですが、まさかのフィルム切れ。写ルンですの魔力です。

No.087 疏水とともにある街

東山を背景に庭、家が映し出される。その中で疏水が悠々と流れている。人びとは昔から疏水を、生活の糧として力強く生きてきた。街を歩くと、疏水の流れが清かった。それで疏水を中心に多く撮影した。

No.088 はじめての軌跡

最初は、頑張って岡崎らしい風景を撮ろう！　と意気込んでいましたが、途中でやはり本来の自分らしい好きなものに脱線してしまいました。最後は、やはり自分の好きな神聖なものに戻ってフィニッシュしました。

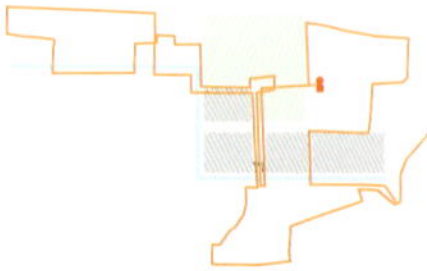

No.089 岡崎のくらし、小さなたび。

自宅の日常生活からスタートし、ふだんのくらしを延長したような視点で撮影した。写真をとるとなると、おもしろいもの、うつくしいものを探してしまうが、ホテル街も見てみぬふりはしたくない。ひかえ目に1枚だけはさませていただいた。

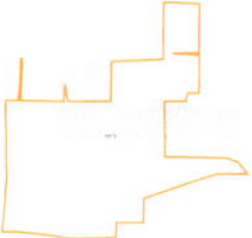
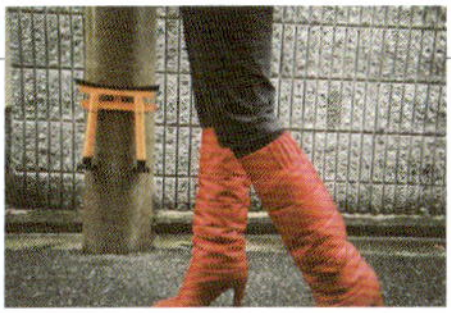

No.090 無題

鉛色の空に人びとの足跡を追いかけていたら、赤信号が目に飛び込んできた。周りを見渡すと、ここそこに「赤」があった。誘惑されるように撮影し、岡崎の自宅まで帰ってきた。

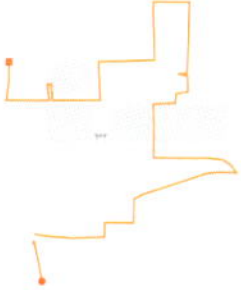

No.091 無題

新しい発見をすべく目的なく歩き出したものの、ついつい足が向くのは懐かしい場所や行き慣れた場所。この岡崎巡りを通して、自分が思っている以上にこの地と密につながっていたのだと小さな発見をしたようなしないような……。

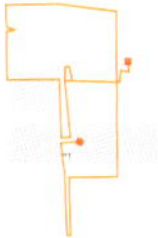

No.092 岡崎でみつけた「カワイイ」もの

普段のくらしのなかでも、「カワイイ」を探しています。ぐうぜんに出会った時のよろこび。ココロにしまっておくもの。カメラに残しておくもの。「カワイイ」を探すことは「しあわせ探し」だと思います。

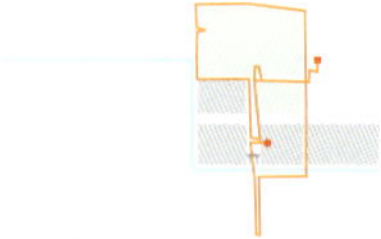

No.093 岡崎のおしゃれなお店

岡崎の、ちょっと裏道に入ったり、表通りから少しはなれた所には、おしゃれなお店がたくさんあります。コンセプトやふんいきも全然ちがいますがステキなお店。そんなぼくが大好きなお店を紹介したく写真をとりました。

No.094 雨でもコレが撮りたかった

雨。左手にカサを持ち、水たまりを気にしながら歩く。いつもならカメラはカバンの中から出てこない状況。それでも撮る！と思ったものが集まった27枚。ということで、これらは私がスキ、キライなものです。

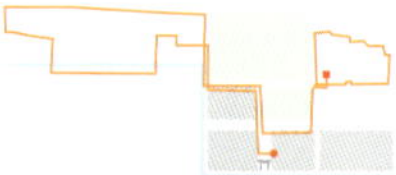

No.095 誠に勝手ながら、臨時休業中。

2001、あのテロの年、ぼくは大学3年生だった。大学生活は楽しいことだけで埋め尽くした、いつも臨時休業中の日々。衝撃は突然やってきた。でも休業中の心には響かず。そのときのことを大切な時間だったな、と岡崎を見ながら思った。

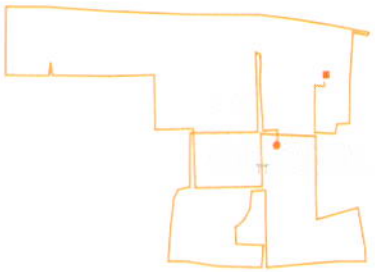
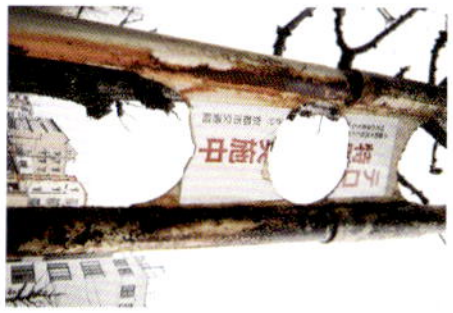

No.096 かべ景

なんとなく気になって、「かべ」をテーマに撮ってみることにしました。岡崎界隈をとり囲むかべの数々を撮るという最初の構想は早くも消え去った。次つぎに遭遇する素敵なかべたちを見過ごすことができなくて。

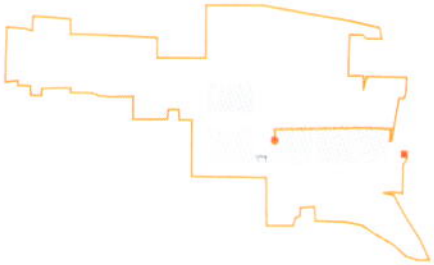

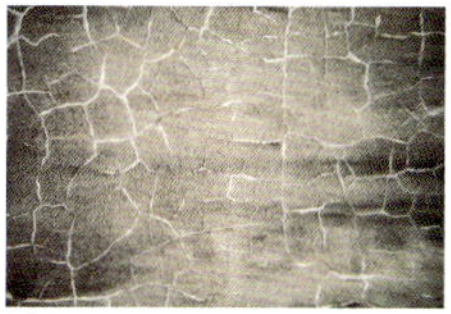

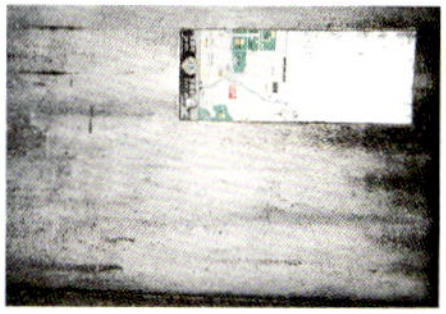

No.097 無題

友人に誘われてなんの知識もないままに参加しました。写真をまったくとらない生活をしているので、とまどいもある反面、新鮮でした。何気なく住んでいる場所にも意外なものがあり、レンズを通して新しい発見があり、おもしろかったです。

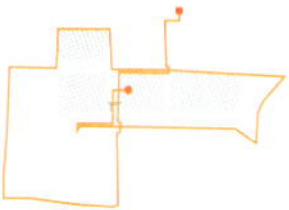

No.098 空間又は無題

目にとまった雰囲気をとりたかった。

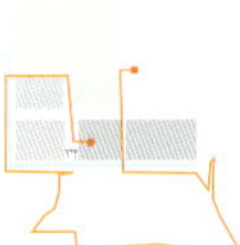

No.099 無題

歴史があるなしにかかわらず、レトロっぽい物を撮ってみました。あと、個人的に懐かしい場所とか。「いかにも京都」ではないようにもしたかったのですが、ハズレきれなかった感はあります。割と自分の好きな場面が撮れたのかな、と思います。

No.100 無題

岡崎をぶらりと歩き、目に留まった私が好きだなと思った光景をカメラで撮影しました。当日はあいにくの雨でしたが、岡崎の魅力あふれる景色にシャッターを何枚もきりました。次は晴天の時に訪れて散策してみたいです。

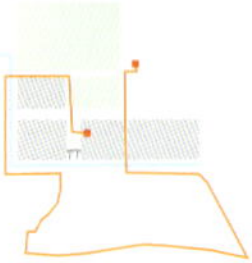

No.101 そうだ岡崎を歩こう

シャッターを押した後フィルムはすぐに巻く癖がある。スタートで大きなミス、大切な一枚がポケットの中で押されてしまった。白川沿いに歩き最後は靴を脱ぎ川に入り構える……。最後の一枚は押されることなく、ぼくはただ川の中にたっていた。

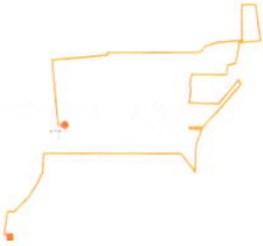

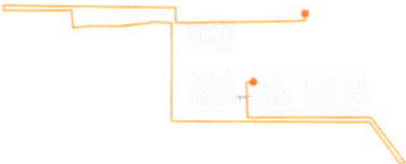

No.103 近代京都の記憶

都でなくなった近代の京都が近代化の意地をみせたその跡がいまも残る京都。この風景を次世代にそのまま残さないと、近代の京都が消え、古都と現代のみの京都になってしまう。近代京都をつくった人びとの想いが伝わってきて心地良かった。

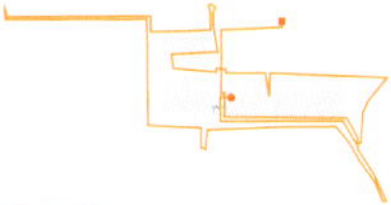

No.102 疏水

日本の近代へのあけぼの――その基礎的な事業が、この岡崎にあったこと。それを改めて学習する目的で撮影した。初見すること多く、おもしろい体験となった。

No.104 無題

コアゾーンとされるところ以外を、ゆっくりと散策するのは、はじめてだったので気になったところを感じたまま撮影してみました。

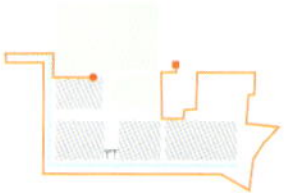

No.105 無題

今日は家族４人での岡崎。「いい一日になりますように」と願い、いざ街歩き。意外に静かで奥深いですね。気づけば、雨音とシャッターのカチャしか聞こえなかったので、その静かな瞬間を切り撮ってみました。

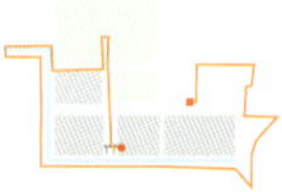

No.106 岡崎に住むなら。

仕事柄、岡崎のエリアにはピンポイントで来る機会も多く、知っている道も多い。今回は自分の知らない道を歩くように心掛けてまわりました。岡崎の観光名所に住む方がたならではの側面が知られる良い機会でした。

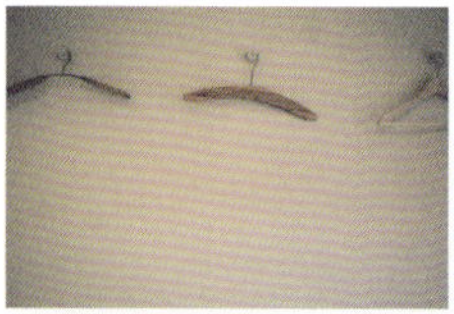

No.108 Colors 色々

撮影には少し残念な雨の岡崎。少しでも明るい気持ちになる色はないか、と探してみました。でも、やっぱり京都は鮮やかな色が少ない気がしました。5時間歩き廻ったにもかかわらずたった26枚が撮りきれなかった。

No.107 自由自在

岡崎は高級住宅地、文化的な街で、粟田口という京都の入口というイメージがあります。撮った写真はかならずしもそのイメージに即していませんが、フリーな気持ちで、目にとまったものを撮りました。

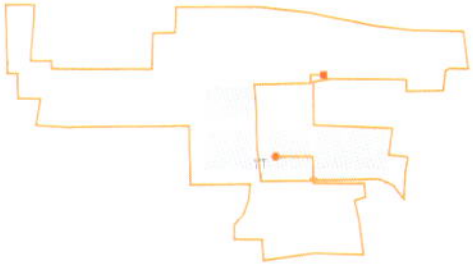

No.109 岡崎変人逆景

岡崎のシンボル、あるいは、未知の風景を探し出し、そこで逆立ちをすることで、新たな不調和が生まれることをめざした。26回、半日で逆立ちをすることは、とてもリスキーであった。ぶじにこの展示をみられるだろうか？

No.110 ぐるりの条件

まちをぐるぐるしているもの。まちを回遊する今日の私たちのような人。毎日毎日繰り返したち現れては消えるもの。巡り巡る季節の移ろいや時代の変化。まちのぐるりを生み出している人やものを探しつつ、よそみもしながら歩きました。

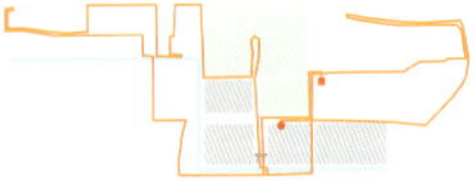

No.111 つながりつらなり

「写ルンです」では身の丈にあった、自然なまなざしでまちを見ることができる。あたりまえの風景をあたりまえのままに、そのなかのササイなつながりやズレをササイなままに、カメラに収めることができる……。そんな気持ちになりました。

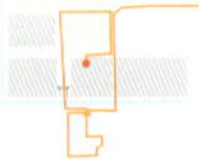

No.112 無題

特に何も考えずに撮り歩きました。雨でしたが楽しめました。

No.113 無題

横に大きい建物とまわりのスペース、広い道路のおかげで空が広い！ その景色の中に水が流れる。唯一高く伸びる真っ赤な鳥居は京都のシンボル。街中なのにいつもゆったり。そんな岡崎コアゾーンの心地良さのわけを、切りとってみようと思いました。

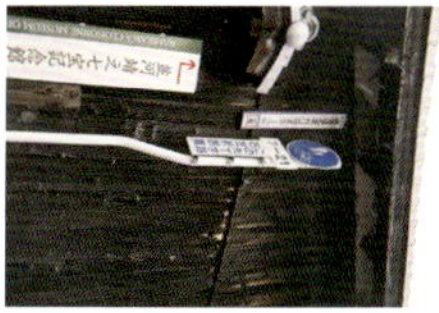

No.114 古都？ 近代都市？

近代的な文化的地域である岡崎もそれ以前から、まちとして存在している。今回、古都としての京都岡崎を意識しつつも、近代的要素がとりいれられている中間域だと直感で感じたものや風景、建物を撮ってみました。

No.115 まちとのさかいめ

個人の敷地とまちのさかいめを区切る、壁面や堀を切りとりました。個人的には植物がツタをからませている壁や無造作に植栽がはみでる壁がすきです。その住まい手の方がすこしにじみでているように思えます。

No.116 ナナメ上を向いて歩こう！

目線を上げて歩くと前向きな思考になれるとか！　顔を上げると、目前には岡崎を取り囲む山々が広がっていました。いつもそこにあるものを少し意識するだけで、まるで違う風景。しかし、足下にも注意をしないと、転んでしまって一枚パシャリ……。

No.117 Familiar to 岡崎

ピンと来る場所をカメラに収めていたら、親しみのある場所もない場所も相対化されてしまった。

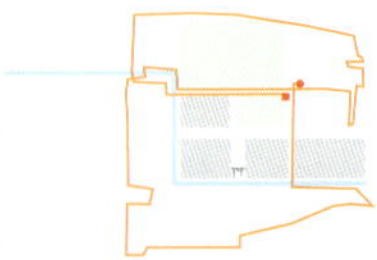

No.118 見捨てられた緑

長期間ほぼ姿の変わらない建築物と異なり、植物で構成された構造物は、段階的にあるいは瞬間的に色や形を変え続けている。しかしその変化は、自立した庭や建築物ほど注目されず、あくまで付属要素としてのみ存在を許される。その差を追った。

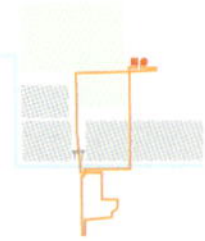

No.119 岡崎水景

疏水と川が岡崎の暮らしとどう交わり、どんな環境をつくっているのかを探ってみた。疏水に建つ水道施設、水辺にポツポツとある祠、古い井戸、住宅地に入り込む小川、石畳で整備された川底など、多くの水とともにある暮らしを見ることができた。

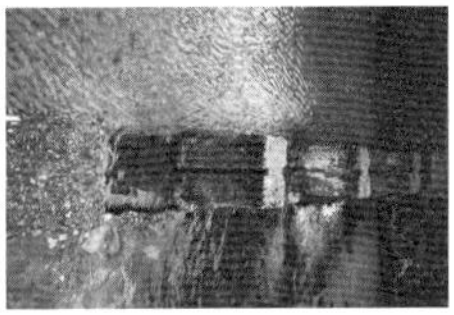

No.120 無題

水路沿いに歩きながら、過去の水路がどのように街の中を流れていたのかと想像しながら、手がかりになりそうなものを中心に撮りました。水に関係あるものを追っていると、昔の風景が頭に浮かんできておもしろかったです。

No.121 無題

歴史や伝統のあるものと現代のものや生活がおもしろく絡みあっているところだと思いました。

No.122 無題

壁、道、路地、すきま、そして雨(水)というのをテーマに撮影しました。けっして地図にはのっていない、でも身近にある普通は気づかないような所。また、そこに雨という要素が加わることにより、飾らない姿を撮ることを目指しました。

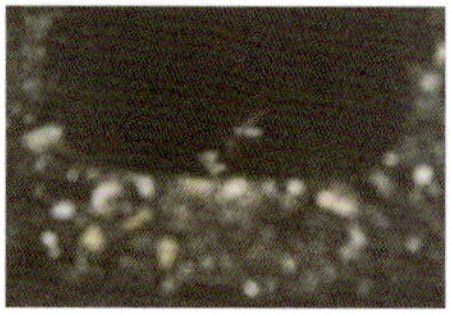

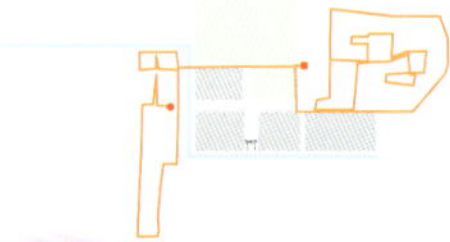

No.123 岡崎のいきものたち

朝、犬を散歩させている人がたくさんいたり、鳥がたくさん飛んでいるのを見て、岡崎には、動物がたくさんいるなと感じました。他にどんな生き物がいるんだろうと思って、岡崎にいる動物や植物を探して写真におさめました。

No.124 気になったもの

なんとなく「岡崎かなぁ」というところを歩いて、気になった植物や建物、道などを撮影しました。

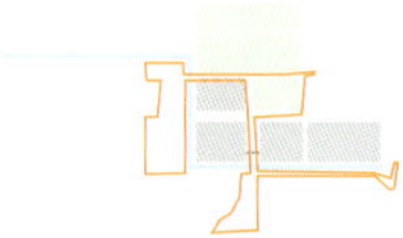

No.125 岡崎の人

岡崎でいろんな時間を過ごす人びと。岡崎で発見した「人のいる風景」を写真におさめました。

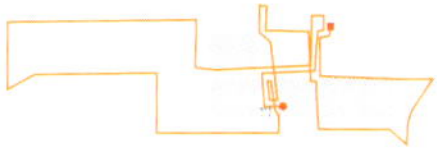

No.126 特別でもなく、単純でもなく、みたいな

ひたすら歩き続けてなんとなく理解できたのは、別にこの辺は特別ではないということ。他の街と同じように、栄えた場所も廃れた場所も、ラブホもあるし。なにかでくくることのできない多様さもあって、それはとてもすばらしいことだと。

No.127 ネコ、ねこ、猫

岡崎にもネコがいた。渋谷にもネコがいる。人びとの生活にネコはひっそりとよりそっている。そんな風景をとりたかった。そして、都市にとってネコは不可欠なものだと示したかった。

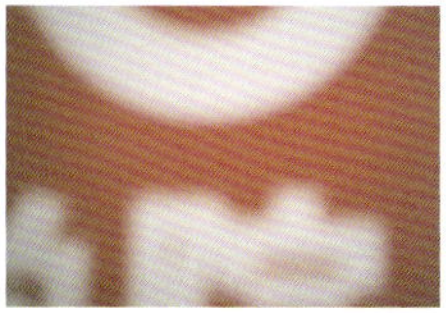

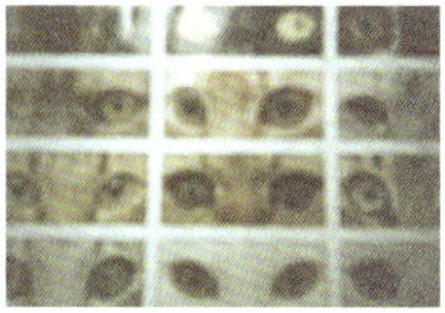

No.128 岡崎周縁つれづれ

こどものころからいくどもかよい、いまは毎日通勤でそばを通る岡崎。今日は周縁の住宅街で目に留まったものにレンズを向けました。

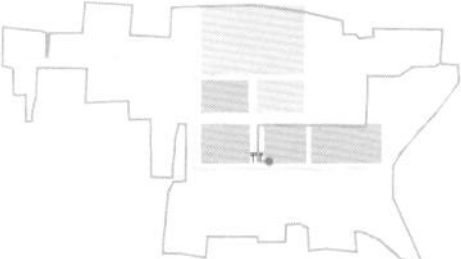

No.129 岡崎自転車めぐり

自転車にのって岡崎を散策。いつもお世話になっている銅板屋さんから出発し、中学まで10年間つづけた剣道を思い出す。子どものときに見た岡崎と現在見ている岡崎が折り混ざった写真になったはず。

No.130 岡崎人

テーマは岡崎の人。元気な青年が人力車をさっそうと引いている姿に感動したから、後づけしたテーマである。岡崎の人が映っている写真はその一枚だけであるが、映っていなくても岡崎の人の息づかいが聞こえてくるような写真をとった。

No.131 水

岡崎には川があり、雨ということもあって、テーマを「水」にした。古い町並みが残っており、なんだか懐かしいと感じる一方で、新しくてかわいいとも感じた。そんな岡崎の「水」に関わる日常の風景を写したいと思った。

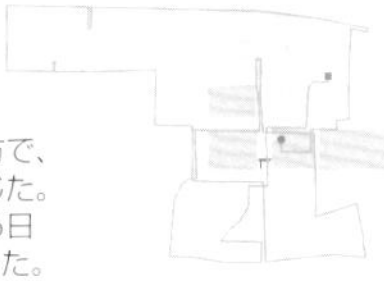

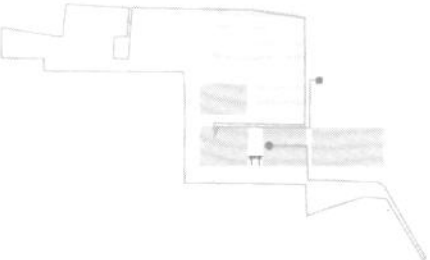

No.133 無題

岡崎を歩き回りながら、ピンときたものを気まぐれにとりました。岡崎っぽいもの、そうでないもの、いろんなものに出会えた一日でした。

No.132 町を発見した日

時代の流れとともに変化する町。そのなかにあって変わらない人の営み、暮らし。あらがえない時代の変化のなかで町に暮らす人びとが、なにを大切にしてきたのかを見つけたかった。

No.134 無題

目の愉しみ。

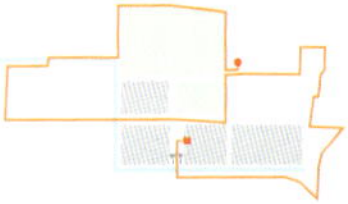

No.135 無題

とにかく気になったものを撮影していたらあっという間に26枚撮り終わっていました。気になったものとは、奇妙な気配やオーラを感じられるものです。それらに私は京都らしさを感じました。

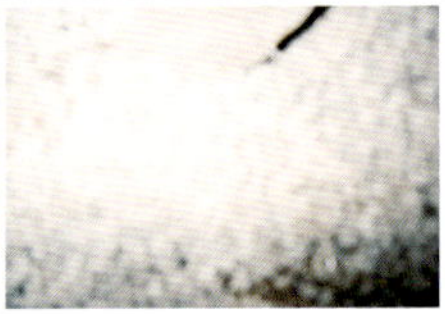

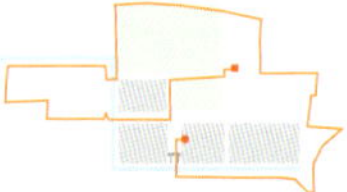

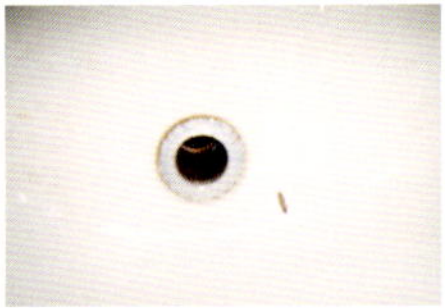

No.136 無題

悪天候の京都というフォトジェニックな対象をいかに写真化するのかというのは、じつは写真の題材としてかなり難易度の高いものであった……。というのは冗談で、歩いたことのない道の気になる断片を記録したにとどまるのです。

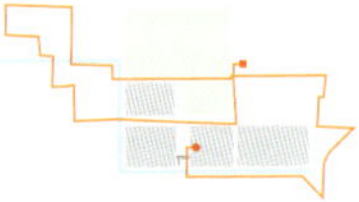

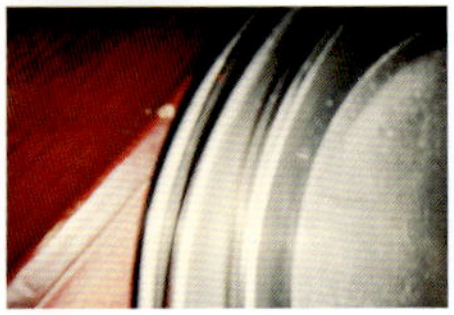

岡崎百人百景と「まち環境リテラシイ」

村松 伸 総合地球環境学研究所教授

新しいまちに行ったとき、ぼくたちはいろいろなやり方でその環境を理解しようとする。それは活動の根拠を求める行為であり、大げさに言えば生存のための戦術の第一歩でもある。

水はどこにあるか、食べ物はどこで買えるか、涼しい木陰はどこにあるか。映画館やプールも見つけないといけない。友だちと知りあうためのカフェやゆっくり散歩できる小道、由緒ある神社や仏閣も知りたいし、清らかなせせらぎにも行ってみたい。子どものためにカブトムシがいる林も探さなくてはいけない。なによりも、そのまちについて書かれた本がある本屋や図書館を知りたい。

まちでやるべきこと、行きたい場所は数多くある。

「まち環境」と「環世界」

まちでぼくたちを取り巻くすべての物件や事象を総称して「まち環境」とよぶことにしよう。しかし、それは行きたい場所に限定されるわけではない。通常言われる「まち環境」は、ゴミ問題や水、大気汚染、土壌問題などに偏して使用されるが、本来の「環境――取り巻いている空間」の意味に戻ってみたい。するとそこには、自然環境だけでなく、人工物でできた人工環境、社会・経済環境が存在していることがわかるだろう。

では、ぼくたちは、同じ環境を見ているのだろうか。エストニアに生まれた生物学者、ヤーコプ・フォン・ユクスキュル(Jakob Johann Baron von Uexküll、1864-1944)は、1930年代に「環世界」を提唱した。その著『生物から見た世界』(岩波文庫、2005年)によれば、生物は生物ごとに異なった世界、もしくは環境を見ている(図1)。ダニが見る世界(環境)とチョウ、ネコ、そして人間は別々の見方で同じ場所を見ているというのだ。あたかも人によって行きたい場所が異なるように。

誰もが同じ環境に取り巻かれているとする客観的な環境観に対して、このユクスキュルの主観的な環境の存在の提唱は永らく無視されてきた。しかし、近年になって再評価が進んでいる。

136人のまち観察とその軌跡

岡崎百人百景の撮影会は、この広義の「まち環境」を136人の一人ひとりが27枚撮りのカメラでどのように切り取るかの試みである。そこで、参加した136人が撮影した3,600枚の写真、そして全員が歩いたルートや意見をもとに、みんながどのように岡崎の異なった「まち環境世界」を捕捉し、さらにそれを他の人たちとどのように共有するかの「まち環境ラーニング」の過程をここで追ってみることにする。これこそが「まち環境リテラシイ」のつくられ方だからである。

どんな人びとが集まったか〈属性〉

当初、岡崎での百人百景の参加者募集は、ツイッターやフェイスブックなどを利用しておこなった。読者層の年齢の高い新聞にはあえて告知を掲載せず、この企画が新しいメディアにアクセスできる若い人たちを対象にしていることを暗示しつつ、開催の情報を発信することにした。まちを変える主役もそれを利用するのも若い人たちだからだ。

東日本大震災のあとに各地で開催される復興会議では、あいかわらず圧倒的に年配の男性たちで占有され、しかも彼らの声は大きい。非常時には柔軟性とフットワークのよい若い力が必要にもかかわらず、若い人たちはまちがどうあるべきか、どう介入したらよいのかを気軽に表明できないでいる。まずは、若い人たちに、まち環境を知ることのおもしろさと重要性を伝えることが必要だ。

今回、136人の参加者のなかで20代の女性たちが圧倒的に多くを占め、それはとてもよいことだった。「写ルンです」という使用工具のレトロ気分も、彼女たちに刺激を与えたのかもしれない。

やがて撮影会を知らせるフライヤーの配布が京都などの各所ではじまると年配の人でも情報が得やすくなり、参加者番号40番代くらいから50歳以上の男性や女性たちが増えていく。若い人たちと同時に、意識ある年配者の参加も、もちろん大切である。老化によって頑固一徹になる意識をほぐしてもらい、口先だけの評論でなく身体を動かしてまち環境に関与する訓練が、この世代の人たちには必要でもあるからだ。

京都市内からの参加者は当然多い。だが、市外、大阪、東京などからはるばる出張参加した人たちも大勢いた。京都での撮影会は観光気分も高めた。観光という意識は決してまちにとって悪いことではない。ローカル岡崎の住人も10人ほど含まれていた。昔住んでいたり、おばあちゃんの家があってよく遊びにきたりしていて懐かしかったからと、懐旧の想いから登録した参加者もいた。設定、場所、伝達方法の配慮は、岡崎百人百景への吸引力を高め、参加者の多様性にも大きく影響し、さらに撮影対象、方法の拡がりに貢献した。

図1 ミツバチの環境と環世界。ミツバチにとって意味があるのは、開いた花、すなわち、大きな丸だけであり、私たちとは異なった環世界に生きている。ユクスキュル『生物から見た世界』、岩波文庫、76ページより

どのように歩いたか〈ルート〉

東西に走る丸太町通、三条通と、南北に走る白川通、川端通に囲まれた東西2km × 南北1kmの長方形の空間が、岡崎百人百景の撮影範囲だった。ほとんどの参加者はこの範囲を逸脱していないが、範囲をちょっと出てあわてて引き返したりもしている。指定の空間に岡崎を代表するものが多く集中していたからだろうが、日本人の律儀さの故でもあったろう。

京都市美術館前から出発した136人の歩いたルートを並べたり重ねたりすると、それは壮観に見える。アートとしてのおもしろみもある。多くはほぼ一定の道、たとえば平安神宮に向かい、そして琵琶湖疏水沿いに歩くような平均的な行程を進んでいるのがよくわかる(図2)。外部者は大通りを、岡崎住人は細かい道を、というのはよく理解できる人間行動の現象でもある。

ただ、大きな軌跡を描いて歩いた撮影者とこぢんまりとした歩行行動をとった人たちとでは、写真内容にさほどの差異があったわけではない。ゲスト写真家の土田ヒロミさん、淺川敏さん、そして今回組み写真賞を受賞した3人を加えた5人とも、さして一所懸命に長い道のりを歩きまわっているわけ

ではない。ぶらりぶらりと歩き、そこで出会った風景を直感的に撮影している。「ぶらぶら歩き」とでも命名できようこの方法は、まち環境を堪能するまち歩きの基本だ。セレンディピティ(serendipity)にも似たこの歩き方には、ぶらぶらしながら思いもかけないものを発見する偶察の力がそなわっている。

一方、路地をめぐり、目的をもってがしがしと、なにかを探索している「がしがし歩き」派の参加者もいた。東京でのぼくの教え子の元大学院生No.127君(20代)は、この「がしがし歩き」の代表格で、シブヤ調査で培ったネコ探しの極意を岡崎で援用しようとはるばるやってきた。だが、「がしがし」といろいろな路地に入り込んでネコを探したわりに成果が少なかったのは残念だった。そもそも、シブヤに比べて岡崎にはネコが少なかった。

目的をもって「がしがし」とまちを歩くことの効用はないわけでもない。だが、その目的だけに眼が固定されてしまう。せっかくのまち環境との対話が殺《そ》がれてしまう。まち環境理解には、せわしない「がしがし歩き」より、ゆったりとした「ぶらぶら歩き」に軍配を上げたい(図3)。

なにを見たか〈対象〉

まち環境は、自然と人工と社会・経済によって成りたっている、と述べた。岡崎百人百景に参加した136人の3,600枚の写真にはこの三つが単独に、あるいは複合的に撮り込まれている。

自然環境についていえば、まず水が挙げられる。ここは19世紀末に山を穿って琵琶湖から引いた疏水が緩やかに流れる地域であるから、多くの人たちは疏水の水にまず反応し、それを追って撮影している(No.55、82、101、102、119)。あるいは、琵琶湖疏水を利用した蹴上の発電所や、そのそばにあって舟運用の舟を電力で引き揚げたインクライン(傾斜鉄道)も多数登場する(No.87)(図4)。これは建物そのものよりも水の換喩(メトニミー)でもある。小雨が降る当日、水は多様な形で存在していた。様相の異なる水の姿もみごとに採集されている(No.75)。

緑も自然環境の重要な要素で、大多数の写真に大小の違いはあるものの、巧みに撮り込まれている。春の到来がはっきり見えなかったこの日、それでも参加者は緑に強く反応した。木々や花といったわかりやすいものから、壁に這いつくばるツタやちょっとした隙間や路地に生え出た草、苔に眼をやる視線に、岡崎の場所性とともに参加者たちのまち環境への意識の高さを、ぼくはかいま見た。

岡崎には日本で二番目に古い動物園がある。撮影会の参加者の何人かは、岡崎動物園と通称される京都市動物園にまず赴いた。たしかに、ここは人工的につくられた生き物たちの「自然」環境ではあるものの、人間とは異なる生物との共存を身近に感じられる学習の場でもある。いや、そんな無粋なことを言うまえに、フラミンゴやペンギン、サル、カバたちの存在と所作に喜びを感じて撮影している。歓喜は数々の写真のなかに写し撮られている。それとは別に、「自然」に生きる岡崎の生き物を発見した例も大いに魅力的だった(No.123)。詳細に見ると、都市にも多数の生物がぼくたち人間と共存しているのだ。

人工環境は建物で代表され、当然ながら多数の写真に写し撮られている。普通の家、古寺、庭園、近代建築、現代建築、京町家などが登場し、岡崎ひいては京都自体が建築物で代表されることがわかる。平安神宮の大鳥居はもっとも好まれた被写体(図5)であったし、今回の撮影会のポスターを飾ったのも紺碧の空に屹立する朱色の大鳥居であった。

壁や塀も何人かが撮影している。絵画的に美しく切り取られやすいからだろう。空き地や廃墟のような、多くの人たちから

図2 136人が歩いたルートを重ねると、集団と個人との志向の仕組みがよくわかる。日本人は、逸脱を嫌うのだろうか

とうてい好まれるとは思えない人工環境が、美しく切り取られて写真となっているものも少なからずある。撮影行為と環境の好《よ》さとは直接つながらないともいえる。

社会・経済環境を撮影した写真は一見少ないように思えるけれど、じつは多い。人が直接出てくる写真（No.8、125）は少ないし、社会や経済環境を写真に直接写すことは容易ではない。だが、暗喩（メタファー）としての社会環境や経済環境は多数写っている。そもそも、人工物はすべてが人間の社会や経済行為の結果であるからだ。地蔵の祠はコミュニティの代替であり、商店（No.93）は経済のメタファーでもある。人の気配を追った写真（No.130、132）は、まさに社会を切り取ろうと試みたものである。参加者は、決して人や社会を忘れてはいなかった。

なにを考えたか〈意図〉

人の気配を想いつつも、人のいないさまざまな風景を写していった前述の例のように、被写体と写す人の意図にはしばしば

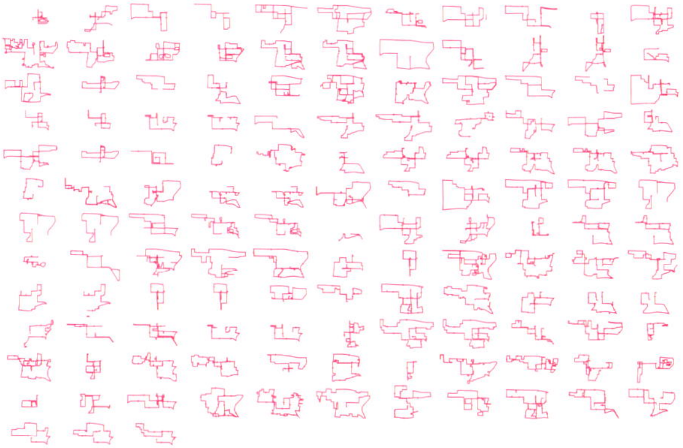

図3 歩行の軌跡が淡泊なのが、「ぶらぶら歩き」。執拗にいろんな道を歩くのが、「がしがし歩き」。まち環境理解には、前者がお勧め

図4 水の換喩（メトニミー）としての発電所。No.87の写真より

齟齬が生じる。時間の変化や季節の移ろいは本来見えないものだけれど、春の兆しを見つけようとしたり（No.68、71）、時間を切り取ろうとしたり（No.85）している。レトロ（No.28、77）や伝統（No.29、30、34、38、50、80、99）は、それぞれ短い時間や永い時間の経過を岡崎に発見しようとする試みである。後者は、古都京都であるから当然として、前者の近過去への関心は視線の成熟だと、ぼくは考えている。

記憶にも、被写体が発する通常の意味とは食い違った撮影者の想いが投影される。各自に書いてもらった感想文がなければ、撮影された写真の列はなんの変哲もない風景の連続でしかない。ここで生まれて育ち、そのあと別の場所に移ったり、この岡崎をかつて何度も訪れたりした人たちが、この地のあちこちに残してきた記憶の痕を、カメラを通して再発見している。ぼくは、この記憶という きわめて人間的な現象も、まち環境にとってとても重要だと考える。記憶があるからこそ、なにか関与したいという愛着が生まれるからだ。

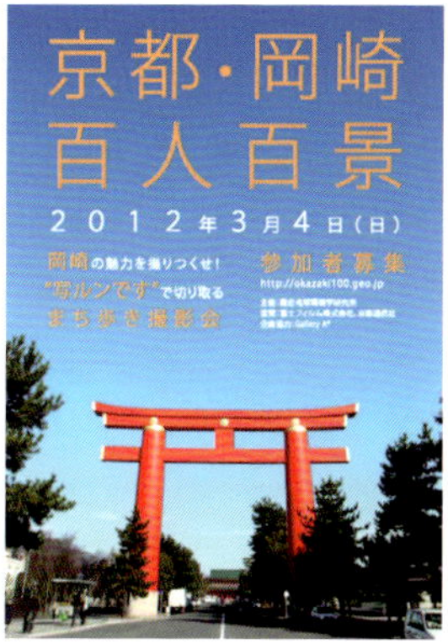

図5 平安神宮の赤い大鳥居は、京都・岡崎のシンボルであり、今回のポスターにも使われた

想起されたのは岡崎の記憶ばかりではない。テロの看板を見つけて、2001年のアメリカの世界貿易センタービルに突入した飛行機テロのことをふと思い出し、その後の10年間の自堕落な生活が次つぎと浮かんできた（No.95）。写っているのは空き缶であり、放置自転車であり、人のいない道路である。写真を見る側には、たんなる雑然とした風景の羅列でしかないのだが、撮影者にとっては10年間の切ない時間の投影であった（図6）。

反対に、幸せもこの岡崎で発見された。こちらは被写体に幸せがあふれている（No.84、92）。不幸はひとつの像として実体化しないのに、幸福にはみなわかりやすい普遍性があるのだろうか。

いかに見たか〈視線〉

岡崎百人百景の企画に隠されたほんとうの趣旨は、まち環境理解の啓発であった。けれども、表向きには写真撮影会として開催されたから、プロ、セミプロのカメラマンも参加した。そうでなくても、カメラ心のある参加者が数多く入っている。3,600枚の写真を1枚1枚見て分析するとき、まち環境を学ぶ視点からなにを撮ったかの被写体自体の把握がもっとも重要なことはいうまでもない。

一方、写真撮影には技法としての「どうやって撮ったのか」も重視される。構図やバランスがそのキーワードであろう。ただ、後者もじつはまち環境理解には大いに関係があるのだと、3,600枚の写真を何度も見ることによって、ぼくは新たな発見をしたのだった。ぼくが発見したことは次のようなことだ。

ぼくたちを取り巻く環境を、視る側の視界で区分するならば、近景、中景、遠景の三つになる。何人かのプロの写真（No.96、101、102、106）を見ると、どういう視線がプロに好まれるかがよくわかる。近景を絵画的に撮るものと（図7）、近景・中景・遠景が入った通景写真（図8）に二分され、少数ながら拡がりのある中景（図9）が混在する。この三種の視線が写真撮影の正統技法であることは、土田賞、淺川賞、地球研賞が授与された写真を見てもわかるだろう。それらすべてが、絵画的近景、通景、広角中景なのである。この表現がやや難解なのであれば、それぞれ近い眼、遠い眼、見開かれた眼と言い換えてもよい。

図6 切ない10年間の時間の経過が、この空き缶に投影されている、とは本人しか知らない。No.95の写真より

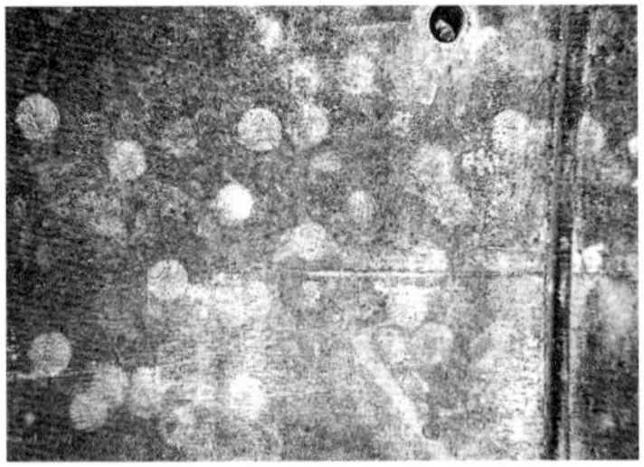
図7 近い眼。近景を絵画的に撮る。No.106の写真家、石川奈都子さんの写真より

3,600枚の写真に用いられた視線をもうひとつ別の分類を用いるならば、繊細な眼と鈍感な眼とでもいえようか。やや文学的表現になるのだが、焦点が絞られ、対象の微妙な襞や材質が写し撮られているのは、繊細な眼によってである。プロやセミプロの写真家の視線（No.112）から、この繊細な眼を感じ取ることができる。しかし、7割ほどの参加者はめったにカメラに触ることはなく、なにを見ればよいかの焦点が絞られない鈍感な眼で27枚が撮影されている。

これらの眼のあり方は、写真撮影ばかりに用いられるのではない。カメラを通さない日常の風景への感覚と連動しているとぼくは考えている。繊細な眼によって捉えられる風景も、まち環境を考えるうえで重要な要素であり、視線を鍛えることがよいまち環境の出現へとつながる。

なにが起こったか〈効果〉

岡崎百人百景の写真撮影会に参加し、カメラを持って撮影することによって、なにが起こったのだろうか。一つは、被写体とそれを捉える撮影者との関係上に生じた現象である。撮影者の表現行為は、日常化と非日常化という相反するものとして二分できる。被写体は、日常性をもつものと非日常的なものとに分類できる。これに、縦軸に表現（日常化／非日常化）、横軸に対象（日常性／非日常性）を当てはめると、四つの象限が生まれる（図10）。表現行為は視線と言い換えてもよい。繊細な視

図8 遠い眼。近景・中景・遠景が通景として捉えられる。No.101の写真家、淺川敏さんの写真より

図9 見開かれた眼。広がりのある中景を撮る。No.102の写真家、土田ヒロミさんの写真より

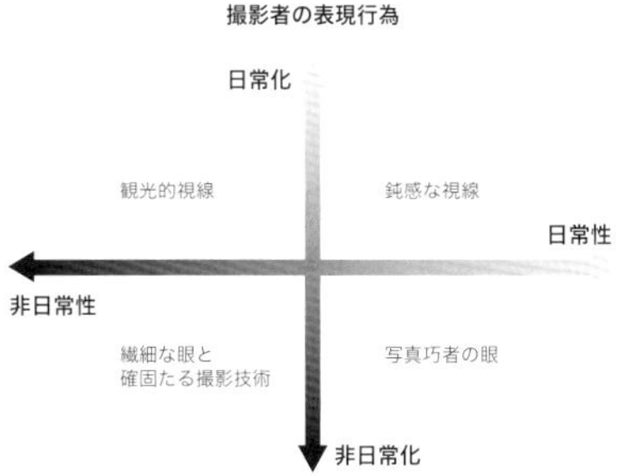

図10 百人百景撮影会によって生起した諸現象の体系化

線によって近く、遠く、そして見開かれた眼をもって切り取られることである。

日常性に満ちた被写体を日常化して撮影するというのは、ここになにか特別な意図（たとえば、記憶、連想）が隠されていなかったら、それはたんなる日常化という名の鈍感な視線が生み出した駄作でしかない。しかし、多くの参加者の多くの写真は、非日常的被写体の日常化である。

岡崎地区は観光名所であり、訪れた人たちを魅惑する。大鳥居、琵琶湖疏水、動物園、美術館など非日常の被写体を日常化して見る行為が、ここで多く誕生している。No.10は非日常の大鳥居に着目し、それが岡崎の日常の中にどのように溶け込んでいるかを撮影した。No.88は、初めて訪れた岡崎の名所を堪能しようとする日常的視線によって切り取られている。

反対に日常の非日常化は、多くの写真巧者の眼によって実現されている。日常のありふれた対象をよく、深く見つめ、近い眼や見開かれた眼によってすくい取る。No.15、21、22、81、86、89の数ある好例から、なんの変哲もない微細な光景が彼らの眼によって非日常の姿へと変換される過程が如実にわかる。

最後の非日常性をもった被写体を非日常化するのは、容易ではない。土田ヒロミ賞の単体賞を獲得したNo.70は、のちに詳しく述べるが撮影者は子どもであり、初めて訪れた京都の岡崎のすべてが非日常性の中にあった。それを繊細な眼で切り取って、非日常的な景色へと巧みに変えている。

被写体の変化とはべつに、撮影者自身に見られた変化の例もいくつか見られる。No.19は、60歳で初めてやってきた岡崎で、最初はなにを見てよいかわからず、焦点の定まらないぼんやりとした写真が続く。ところが、店に着目しはじめると俄然、視線は鋭くなって、近くに寄って被写体を捉える。27枚を6時間で撮影するという拘束条件のもとで、何人かの視線の成長譚をこの136人の参加者のなかに発見できたことは、この企画で得た心地よい成果の一つであった。

10人の岡崎百人百景のかたち

136人3,600枚の撮影写真の全体像を分析したものの、やや抽象的にすぎたかもしれない。もう少しわかりやすく136人のなかから特徴的な10人を選び、個別にインタヴューした結果も踏まえながら、その写真を解説することにしよう。

まち環境は人からなる……………………………撮影者 No.8

京都の大学で建築を4年間勉強した町田夏季さんは、大阪に移って1年たつ。だが、いまでもよく京都にやってくる。ここには友人も多いし、なにより京都の町並みに魅惑されている。今回は、修学旅行で使った「写ルンです」の懐かしさに惹かれて参加した。地球環境は遠すぎてよくわからない。緑や水にもさして興味はない。人を撮ろうとしたのは、場所は変わらないけれど人は過ぎゆき、それがまちを象徴していると考えたからだ。

撮影の途中で出会った人たちを写していった。26枚のすべてに2012年3月4日の岡崎の人たちの姿が切り取られている。たんに立っている人を撮影するだけではおもしろくない。手を頭に載せて眼の形をつくってもらった。その効果はてきめんで、なにも動作がないときよりも、写っている人の顔に和やかな笑みが浮かんでいる。おにぎり屋、車引き、観光客、レストランやギャラリーの人たち、百人百景の参加者、そして仲間との3人、6時間でじつに多くの人たちと出会った。

まち環境は、自然だけでなりたっているのではない。ぼくたちは建物に囲まれ、車に乗り、家に住む。しかし、それら人工の環境も人がいることによって初めて生きてくることの証左が、この26枚の写真から読み取れる。眼を手でつくる人たちの背後に写った風景を仔細に見ると、大鳥居、東山と琵琶湖疏水、京都文化会館などのステレオタイプの物件が、しかも視線も成熟しないまま並んでいる。歩いたルートも凡庸だった。だが、一旦そこに人が入ると背景の好拙は消失してしまう。人がいてこそまち環境も、ひいては地球環境も意味あるものとなる。

頭に手を置いてもらったのは撮影者の即興だったけれど、この些細な行為が人と人とを結びつけた。まち環境に関与するひとつの方法だと思う。淺川敏賞組み写真部門受賞。

コミュニティのかたち…………………………… 撮影者 No.49

東京にしばらく住んだのち、溝井ゆきゑさんは夫の転勤で京都に移った。ここですでに3年が過ぎた。古い町家を借り、3人の子どもと夫の5人暮らし。疏水は自然を育む。カモ、サギなどの鳥類や魚も多いし、セミはもう鳴き放題だ。魚を家族でよく釣りに行く。

南禅寺付近の疏水には、メダカやカニやザリガニがいる。子どもたちは大喜びで駆け回っている。地球環境はよくわからないが、エコのことならばすぐ連想できる。町家に住んでいるからクーラーはいらない。風通しもいいし、ほんとうに暑いときには屋根に水をまく。

撮影会では歩きはじめたとき、なにをテーマにしようかと迷った。近くにある家に戻って、そこから撮影を開始した。ひょいと路地に出るとお地蔵さんにぶつかった。これだと思って残りの23枚、撮影範囲にある地蔵の祠を撮り続けた。岡崎の路地は散歩コースなので、だいたいどこになにがあるかわかる。祠がないところとあるところがある。生花がきれいに挿してあると、町の人のお地蔵さんへの関心の度合いがわかる。地蔵盆には数珠が祠に置かれている。子どもたちは地蔵盆に参加したいのだけれど、近所に子どもが少なくてそれがさみしい。

撮られた地蔵は建物ではあるが、じつはそこに存在するコミュニティの象徴でもある。それを見つけようと、がしがしと歩いて探した結果を見ると、多様な祠の姿が浮き上がってきた。丁寧に維持されている祠とたいして関心が寄せられない祠、路地の隅に小さく立つもの、疏水沿いの自然のなかに屹立するもの。この小さい岡崎に異なった人たちが住み、異なったつながりがあることが、この地蔵の祠の数々で理解できる。撮影者はここに住みつき、つながりの一端を実際に担っている。土田ヒロミ賞単体写真部門受賞。

環世界の存在、緑の世界 ………………… 撮影者 No.66、67、68

森愛子さんは、母、妹の3人で参加した。京都でよく行くなじみの店に置いてあったフライヤーを見て参加を決め、母と妹を誘った。岡崎はおしゃれな場所で、緑と共生している。そんな場所をもっとよく知りたいと思ったからだ。京都市美術館を出発したとき、3人ともテーマが決まっていたわけではない。

愛子さん (No.66) は、鉢植えの植物に眼をとめた。なにか懐かしい緑がこの場所に溢れている。それを撮ることにした。巨木もあるけれど、雑草、コケ、街路樹の足元、路地の緑、廃屋の手入れされていない庭、疏水の底に育つ緑、より深く凝視することで多様な緑を発見し、岡崎が緑のまちであるとわかった。

母雅子さん (No.68) は、春を見つけようとした。まだ肌寒く、春の兆しは見えない。ふと見ると朱色の大鳥居が立っていた。そうだ、春の色は赤、それを探そう。椿の赤、着物の赤、信号の赤、郵便局の車の赤、いろいろなところに赤があって、そういうものを探しだすたびにうきうきしてくる。

妹仁美さん (No.67) が反応したのは、どこかに向かっている道。「進めそうで進めないわくわくロード」とテーマを命名した。まちを歩いていると自分の真正面に道が存在していて、どこまでもまっすぐに伸びている。その道を歩いて行きたい気持ちと、いろいろな障害物があって行けないというもどかしさを街で発見した。彼女の視線はとても哲学的だ。

三人三様で岡崎を見ている。同じルートを歩きつつも、異なった場所に足を止め、違った被写体に反応した。まさにヤーコプ・フォン・ユクスキュルが提唱した「環世界」の存在を、あざやかに傍証するものだ。歩いた距離もそれほど長くない。ゆっくりとシンプルなルートを通った。場所のもつ滋味ある様態も重要なのだが、視る力の重要性を感じる。No.66は、多種多様な緑を発見したことから、地球研組み写真賞受賞。

発見と成長…………………………………………… 撮影者 No.70

奈良に住む岩永響ちゃんは小学校4年生。おばあちゃん(No.71)と一緒に参加した。写真家のおじいちゃんは、この撮影のまち歩きにずっと付き添ってくれた。音楽と算数と図工が好きで、小さいときからおじいちゃんに写真を習ってよく撮る。あんまり近づいて撮らない。ボケるからと、おじいちゃんにアドバイスをもらった。

初めての京都は、奈良と同じようにお寺が多いけれど、人がいっぱいいてすべてが新鮮に見えた。カレーやごみ箱、パン屑に群がるハト、たこ焼きや象の形の滑り台、剣道具をつくる職人さん、歩道のそばの花壇の花や植物、おみくじが無数に結わえられたお寺の前の木々、ぼくたちにはどこにでもある日常のありふれた風景である。だが、彼女にとってすべてが初めて出会うもので、それは日常ではなかった。

初めての京都岡崎には、非日常性がいっぱい詰まっている。好奇心というのは、まち環境を見るさいの大切な武器だといえる。だが、それだけではない。好奇心をうまく飼い馴らすことのできる撮影技能がある。遠くを見すえる眼、眼の前の対象を広く強固に見る眼が、ここにはある。看板の赤、ポリボックスの青、水の青、フラミンゴのピンク色、色彩への鋭敏な感覚も彼女の持ち味だ。彼女にとっては、との限定はあるものの、その非日常を鋭い眼でさらに非日常化している。136人の参加者のなかでも、稀有な存在だとぼくは思う。

地球環境についてはもちろん、環境についてもまだなにも知らない10歳の少女の眼が捉えた2012年3月4日の風景と方法を分かちあう必要がある。土田ヒロミ賞単体部門賞受賞。

水のまち…………………………………………… 撮影者 No.75

地球研に勤務する辻村優英さんは宗教学の専門家で、ダライラマ14世の研究をしている。専門とはややずれたアーカイブの作業を地球研ではしているのだが、好奇心に駆られてこの企画に参加した。門前の小僧よろしく、地球研がとくに関心をもつ水について撮影しようと決めた。当日雨が降り始めていたし、京大大学院時代は蹴上に住んでいて琵琶湖疏水に親しんでいたからかもしれない。よくよく見ると、まちの中に水はいろいろな形で棲息している。疏水の水はもとより、神社の手水舎《ちょうずや》の水に始まって、あることあること、水は形態を変えて、いろいろな形で存在する。料理屋の庭先にある手水鉢、消火用のバケツの水、水たまり、雨水等、ほんとうの水があちこちにあった。消火栓やトイレも水を表わしている。もっとも気に入っているのが自動販売機だった。ここにも液体として水が詰まっている。

とにかく、岡崎百人百景はおもしろかった。他の参加者の写真を見て、その見方の違いに驚いた。No.8の、手で眼をつくってもらうアイデアには脱帽したし、No.96の壁の写真に現れたさまざまな表情は、自分ではこれまで考えもしなかった。カメラを通すと意識していなかったまちの細部に集中がいく。それが環境への関心とつながっていったらいい。ありきたりだけれど、そんな小さな一人ひとりの関心が集まると、地球環境の改善につながるかもしれない。

チベット仏教を含む仏教には、縁起という重要な概念がある。原因があれば、結果がある。あるいは、部分が全体と連関があるのも縁起である。個々人の小さな行為が全体とつながって地球環境にまで影響する。仏教という宗教からも、地球環境問題への対処法を得ることができる。それにしても、カメラを持ってまちを歩くことがこんなに拡がりのあることは思わなかった。辻村さんは、何度もそう話してくれた。

小さな時間を探す…………………………………… 撮影者 No.85

すべての物、者には時間の流れの痕跡がある、それが京都精華大学で版画を学ぶ佐伯きわさんのテーマだった。でもそれは、京都で通俗的に人びとが体感する、伝統と呼ばれたり、歴史とみなされたりする大きな時間ではない。

佐伯さんの撮ったありふれた風景の写真は、見ていてとても美しい。ツタにしても、苔にしても、抽象画のような美がそこに漂っている。小さな時間、このキーワードを知って、なぜ、佐伯さんがそこに魅惑されるのか、ぼくが関心をもってしまうのか、少しだけわかった。白い壁のペンキがはげた表情や赤い鉄製の階段に浮いた錆、民家の入口の戸に染みついた汚れなどの光景の中に、10年ほどの時間を読み取ることができる。

これは、じつは侘び寂びの原型ではないか、とぼくはふと思う。しみったれた侘びしさ、誰の手も加えられていない一人ぼっちの寂しさ、それは過ぎさった小さな時間が生み出したものである。ぽつねんと置かれた消火器の赤や、店先に立掛けられたビニール傘の白、袋小路に一台だけ捨てられたように置かれた自転車は、侘びしさや寂しさの象徴のように見える。27枚のあちこちに、佐伯さんが5時間の中で過ごした小さな時間が発見できる。

細い路地、歩道橋の階段、白い塀に沿った道、それらは彼女自身の足取りを自分で追ったものである。道路反射鏡を撮った２枚の写真には、佐伯さんの姿がしっかりと写っている。一番目の反射鏡の中の佐伯さんと二番目の反射鏡との間には、ほんのわずかな時間の経過を見ることができる。一見すると人間とも社会ともかけ離れた即物的な光景の切り取りのようでもあるが、じつは人との関わりが濃厚に読み取れる。人間は、この小さな時間に反旗を翻して立ち向かうのでなく、なすすべもなく呑み込まれていくのか。しかし、そこには、写している自分自身の確固とした存在感が常時ある。

近くて繊細な危うい視線…………………………　撮影者 No.112

京都の美術学校を出た和出伸一さんは、地球研でさまざまなデザインを担当し、今回もこの百人百景に積極的に参加した。なにも考えずに撮り歩いた和出さんの視線は、ありふれた日常のまちから繊細にさまざまのものを拾っている。粗雑なぼくはこんな眼が欲しいと願ってきた。

縁側の端に置いてあった空いた鉢。それを美だと発見する彼の眼が羨ましい。微妙な光が鉢に当たり、陰影ができている。その陰影に反応したのだという。形態というよりも空気や存在に、ものが備えている触感や光と影に、和出さんは強く惹かれている。あまり遠くを見ていない。視るときも斜め下を見ている。近接して見る。疏水全体ではなく、そこに勢いよく流出してくる水がつくる白い泡の群れ、それを手前の冬枯れの細い木々の向こうに見ている。

羨ましいが、この眼には危険が漂っているとも思う。近くて繊細な視線は、じっくり深く視ることから、どんなものでもそこに美を発見してしまう。自然と人工と社会・経済の環境で構成されるぼくたちの「まち環境」の一部を、そこに生きる人とは無関係に切り取っているような写真たち。それは、人がまったく写っていないことにも象徴される。

まち環境リテラシイは、発見したり理解したりするだけでなく、どんなまち環境が理想かを想起する力も含んでいる。その理想に向かってどのように関与するかの積極性も必要とされる。和出さんの写真を見ていると、静寂さはあるが未来への動きが希薄だ。その希薄さが写真のすばらしさではあるが、まち環境の視点からみると危険だ。でも、何度もいうように、ぼくはこの眼がほしい。いや、この危険で危うい繊細な眼をなんとかまち環境リテラシイにつなげたい。予測を込めていうならば、たとえば、それはまち環境への批評精神であるかもしれない。

遠くを見るくっきりした視線…………………… 撮影者 No.116

田口純子さんは、ぼくの東京での学生の一人で、まち環境リテラシイについて、いま博士論文を書いている。岡崎百人百景の企画から実行まで、大いに助けてもらった。彼女のテーマ「ななめ上を向いて歩こう！」は、そういうまち環境資源を発見しようとする点に関してとても意識的かつ意欲的である。

岡崎のまち環境資源の重要な要素を、田口さんは東と南に立つ山々だとみなしている。明治の末年、東山のこの地に元勲やら富豪たちが別荘を多数築いた。できたばかりの琵琶湖疏水の水を取り込んで名園の数々がつくられたが、そこでは常に東にある大文字山（如意ヶ嶽）を借景として利用している。田口さんは、この大文字山あるいは岡崎地区の南にある東山の遠景をまち環境としてどのように取り入れるかを、写真を通して試みようとこの撮影会に参加したのだった。

気になった場所、もの、人に眼を向けて、それを近景や中景に据えた。それと遠景の山とを結びつけるという彼女のコンセプトは明確だ。人力車があって、その向こうに平安神宮の大鳥居が見える。さらにその向こうの山並みまでが視野にはいる。動物園の巨大な鳥の檻の向こう側にも、山が並んで見える。神社の手水舎に置かれた柄杓のはるか向こうにも山が映る。鳥居、塀、坂の向こう、食べ終わったたこ焼きのプラスチックの容器のはるか向こうにも山がある。

No.67の森仁美さんが見たどこまでも続く道の向こうにあるのは、抽象的な夢だった。その哲学的でやや下を向いた視線とは異なって、田口さんの眼は遠くをはっきりと斜め上に見ている。これは、まち環境を構想する視点だと、ぼくは思う。道の向こうを見る眼のなかにも、異なった「環世界」が存在しているということでもある。

「まち環境リテラシイ」をいかに身につけるか

2012年3月4日の撮影会の1か月半後の4月18日〜24日までの1週間、京都市北区上賀茂にある総合地球環境学研究所(略称・地球研)で、3,600枚の写真の展示会と講演会を催した。地球研の入口ホールの天井から吊り下げた直方体の筒の四面に3,600枚の写真が印刷され、ゆらりゆらりと揺れるその幻想的な光景は、136人が見た岡崎の多様な姿を象徴的に示していた(図11)。賞を決めるためにすべての写真を見たゲスト写真家のお二人や企画委員会の何人かを除いて、136人のほとんどの参加者はこのとき初めて撮影会の全貌を、いや自分の撮った27枚の写真すら、ここで初めて眼にした。

さらに1か月後の5月16日〜21日までの5日間は、撮影会の地、岡崎で三つの建物を借りきって異なるスタイルでの展示会を実施した。いずれも古い建物が改修された場所である。

各人1枚、計136枚を展示した「Gallery Ort Project」(図12)は、もと二階建のアパートだった。

3,600枚を小さく布に印刷して襖や壁に貼った「メトロポリタン福寿創」は、和風の二階建の住宅を改造したギャラリー・カフェである(図13)。

お二人の招待写真家の写真を展示し、2日間にわたって茶話会が開かれた「茶房好日居」も、古い町家に瀟洒に手が加えられた茶房である(図14)。

茶話会では、岡崎に関係する茶、菓子、食べ物が供され、この付近で録音された岡崎の音を聴きながら、参加者それぞれが撮影した写真の内容や展示会の感想が交換された(図15)。

学びほぐして、分かちあう

一人ひとりが異なった「環世界」にいるという多様性の可視化は、岡崎百人百景プロジェクトの醍醐味の一つである。地球研での展覧会では、その全貌を見ることができた。その後の展覧会や茶話会も、たんなるイベントではなかった。それぞれの参加者が異なった「環世界」にいることを自覚しながら、他の135人と比べることで自分の偏頗な見方を「学びほぐし」、新たな眼でこのまち環境を見直す新たな「学びの場」なのである。「学びほぐす」という言葉は、鶴見俊輔氏がハーバード大学の学生のとき、ニューヨークで対面したヘレン・ケラーが使った

図11 京都精華大学の後藤直子さんと3人の学生たちによってデザインされた地球研での展示会

言葉である。「私はその隣のラドクリフという大学でとてもたくさんのことを学んだ。だが、そのたくさんのことをunlearnしなくてはならなかった」。鶴見はその「unlern」に「学びほぐす」という日本語訳をつけ、凝り固まった知識をほぐすこととして、その重要性を述べている（鶴見俊輔・徳永進「鶴見俊輔さんと語る」、「朝日新聞」2006年12月27日朝刊）。そして、これが協働しながら学びあうワークショップの本質でもある（苅宿俊文他編『ワークショップの学び1 まなびを学ぶ』、東京大学出版会、2012年）。

「環世界」に生きること、136人が異なった視点をもってまち環境に生きていることがわかっただけでは、意味がない。異なった視点が存在していることを理解したうえで、自分の凝り固まった視点を「学びほぐし」、他人の視点を学び、共有する。

冒頭の分析で、なにを見たか〈対象〉、なにを考えたか〈意図〉、いかに見たか〈視線〉について述べた。これらこそ、岡崎百人百景のプロジェクトが創りだした大きな成果であり、それを分かちあうのが「まち環境リテラシイ」の重要なる一要素なのである。

「まち環境リテラシイ」の三角形

話がやや進みすぎてしまったきらいがある。ここで少し戻って、しばしば出てきた「まち環境リテラシイ」について、定義を示しておきたい。

「まち環境」については、すでに述べた。自然環境だけでなく、人工環境、社会・経済環境という人を取り巻くすべてのものと、そこで生じる現象の総体である。「リテラシイ」は、もともとは読み書きの能力のことで、日本語ならば識字能力とでもいえようか。それが現在では拡大解釈され、あるものを的確に理解したり、分析したり、あるいは表現したりする能力のこととして使われている。科学リテラシイ、情報リテラシイなどがその最たる現代の使用例だ。

では、「まち環境」と「リテラシイ」とがくっつくとどうなるのか。「まち環境」をたんに、的確に理解したり、分析したり、あるいは表現したりする能力ではないとぼくは考えている。もう少し細やかな定義が必要であると考え、次のような項目を含めた定義をここ5年ほど使用している。

1. ［理解・分析——まち環境を理解・分析する能力］
2. ［構想——まち環境の未来を構想する能力］
3. ［関与——その未来に責任もって関与する能力］

これを図化すると次のようになる（図16）。形状が三角形であることから、「まち環境リテラシイの三角形」とよぶことにする。もっとも、この三角形の項目はあまりにも恣意的で、まち環境リテラシイとしては疑わしく考える人たちがいるかもしれない。だが、まちづくりのプロであっても、じつはこの3項目をやっているにすぎない。まちを分析し、そこから住民とともに未来のまちを描き、そこまでのプロセスを実行する。

普通の人たちも、これら三つの項目の能力を均等に有することがもちろん理想だ。だが、ことはそれほど簡単ではない。むしろ、不可能だといったほうがよいかもしれない。そもそも三つの各能力を身につける手立てがそろっていないのだから。

理解・分析する能力を身につける方法

ぼくたちは、「まち環境リテラシイ」という概念を考案する以前から、ここ7、8年はその啓発、というより教育活動を、勤務する大学の近くの東京都渋谷区立上原小学校の6年生にむけておこなってきた。そこでは、まちを分析・理解することからはじめた。というのも、そもそもぼくが属している建築史や都市史という学問領域がおこなっている学術的行為は、ほとんどまちの分析や理解にすぎないから、他に手立てはなかった。ただ、まちをどんなふうに理解するか、そこになにがあるかを発見する能力は7、8年の間にずいぶん深化した。建物だけでなく、自然環境や社会・経済環境へと関心は拡がっている。

今回の岡崎百人百景の写真撮影会で、参加者のために事前に準備した10系統100件の岡崎のまち遺産案内のなかには、もちろん建物はあるものの、それ以外に自然・生物系や土木系、祭り系と称して、ぼくたちがまち環境とよぶものをこっそり忍ばせている。たしかに参加者の多くは「無題」を提示し、思うがままにまちをぶらぶらして撮影したのだが、ここに水があり、緑があることをよく理解していた。こういった啓発、悪くいえば洗脳は、まち環境を分析・理解する能力の習得法なのである。

さらにいえば、自分とは別の135人がどんな場所や物件に反応してシャッターを切ったかを知ることは、「環世界」の存在を知るといったやや難解な認知科学的分析の対象としてだけではない。むしろ、まち環境のなにを、いかに見るかについてさまざまな技法があって、それの拡がりに驚嘆し、相互に学びあうという場に参加することなのである。撮影会から1か月半後に実施した地球研での展覧会は、まさに1の［理解・分析――まち環境を理解・分析する能力］の向上に役だった。

未来のまち環境を構想し、関与する

2の［構想――まち環境の未来を構想する能力］を身につけるのは、それほど簡単ではない。10年になんなんとする渋谷区立上原小学校でのまち探検プログラムでは、あまり進展はなかった。教えているこちら側にも提示できる確固としたまちの未来像がなかったからでもある。ようやく2011年度からはじまった建築家、伊東豊雄さん主宰の伊東建築塾の「子ども建築塾」(http://itojuku.or.jp/course/children/)で、建築家と組むことによってどのように未来を構想するかの緒が見えてきた。

図12　各人一枚ずつを展示した「Gallery Ort Project」での展覧会(会場設計 後藤直子)

一方、今回の岡崎百人百景の展覧会は、間接的ではあるが、このまちの未来に思いをはせる機会であったと、ぼくは考えている。岡崎での会場は、3か所とも古い建物を修復して使っているものだった。そういった場所は、岡崎のあるべき姿として主催者側が意識的に、あるいは無意識的に選択したものでもある。

Gallery Ort Projectでは、各人が撮影した27枚から1点ずつ合計136枚をこちらが選んで展示した。137枚のその複合体は、こうあってほしいというぼくたち主催者側の岡崎の未来の表明だといってもよい。こちらの構想を提示し、それを見てもらう。「まち環境の未来を構想する能力」について間接的だと書いたのは、このことだ。

3の［関与――その未来に責任もって関与する能力］は、今回のプログラムでいえば写真会に参加し、展覧会に足を運び、その後に出版されるこの書籍を何度も見返すことによって岡崎の未来を想起する、その一連のプロセスであるといえようか。

プログラムの最後のイベントは、同じく岡崎の小さく古い町家に集まって、お茶を飲みながら撮影会や3,600枚の写真、そして岡崎について語りあうことだった。

町家をじつにみごとに改造して茶房としてこの家を世話し

図13 3,600枚が展示された「メトロポリタン福寿創」(会場設計 後藤直子)

ている女主人が、岡崎にまつわる菓子、食べ物、音を手配してくれたことはすでに述べた。現在、茶室といえばやや衒学的で窮屈な場所になっているけれど、本来は少人数でゆったりと会話する場所であったのだと、今回ぼくは理解した。岡崎にある閑静なその場所を選び、そこで茶話会を開くことが一種の未来の構想であり、そこに参加することは「責任ある関与」なのである。

そして、地球環境につなげる

さて、最後にとって付けたようだけれど、岡崎百人百景プロジェクトと地球環境について少し述べておきたい。

一般の人だけでなく、地球環境研究の総本山、総合地球環境学研究所に勤務するぼくですら、地球環境とはなにかについて明確な答えは出せないでいる。地球温暖化や生物多様性などの地球規模での環境問題だけが重要なのではないことはわかっている。では、小さなまち環境に関心をもつことが、どのように地球環境問題に接続するのかと問われれば、答えに窮してしまう。まして、地球環境に関して一般の人たちの口から出てくるのは、お仕着せでスローガンのような陳腐な言葉にすぎない。

2012年5月20日日曜日、すべてのプログラムの最後の夜、茶房好日居で岡崎について話しあう雰囲気に、ぼくは少し陶酔していた。その場所に来る前の夕方近く、岡崎を久しぶりにぶらりと歩いてみた。するとどうだろう。これまでと異なって、歩くたびにいろいろな場所に眼が引き寄せられる。写真を丹念に見た結果、136人が撮影した3,600枚に写った景色、もの、ことがぼくの眼に焼きつき、実際にまちに存在するそれらに自然に反応してしまうのだ。136人が意識化した成果としての写真を、さらに意識的に見た結果だった。この驚きといいしれぬ喜びは、茶話会の中心の話題となった。

図14 招待写真家土田ヒロミさんと淺川敏さんの写真が展示され、茶話会が開かれた「茶房好日居」

図15 茶話会の風景。各自が撮影した写真から話題がふくらんだ。「茶房好日居」にて

なんの変哲もない京都の岡崎の日曜日の夕方は、ぼくにとってだけでなく、参加した10人ほどのすべてにかけがえのない時間だった。この時間やそれを育んだ岡崎のまち環境が、地球環境の破壊や荒廃によって喪失してしまうのは、ごめんだ。

ややこじつけで、大げさな連想かもしれない。けれど結局、巨大なもの、はるか遠くのことに無理な想像をするよりも、身近なものにまずつなげることによって、巨大なもの、はるか遠くのものを確実に、着実に変えることができる。地球環境とまち環境とが両立するような関係をつくりあげるには、それしかないと、ぼくはそのとき、確信した。

3か月に及ぶ長い岡崎百人百景のプログラムは、5月21日で一旦終わりを告げた。だが、136人の参加者は引き続きこの本をときどき書棚から引き出しては、2012年3月4日の小雨の当日のことを回想し、未来の京都の岡崎のまち環境に想いを馳せる必要がある。岡崎もこの書籍も、小さくはあるが巨大な地球環境とつながる第一歩なのである。

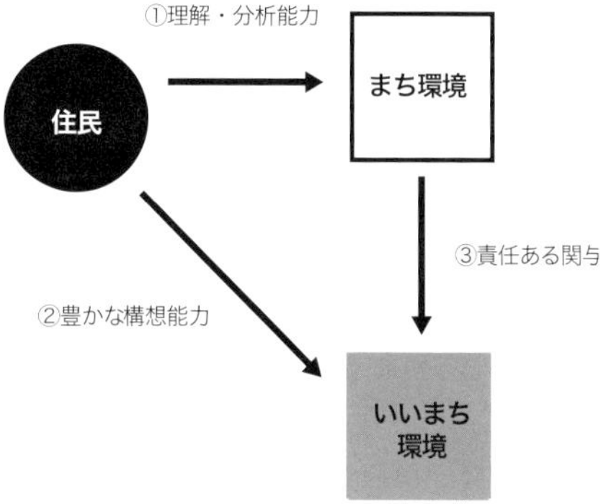

図16 まち環境リテラシイの三角形。東京大学生産技術研究所村松研究室作成

「百人百景」を振り返る

寡黙で雄弁な27枚の写真たち

出席　鞍田 崇＋林 憲吾＋松隈 章　　進行　村松 伸

京都市岡崎地区での「百人百景」は、多彩な背景を背負った人たちの多様な視点から空間を写真で切り取ることで膨大な情報を残した。この手法は、大正・昭和の日本人の日常の暮らしをペンや鉛筆で記録・分析した今和次郎の「考現学」の視線にも通じるかもしれない。
では、カメラに持ち替えることでなにを可能にしたのか。じつは、参加者自らの意識と視点の変化にこそ、大きな意義があったのかもしれない

村松●岡崎での「百人百景」は、撮影会と3か所での展覧会で終了しました。まずはその感想からお聞かせください。

松隈●岡崎には私も若いころからけっこう行っていて、平安神宮も京都市美術館も京都国立近代美術館も知っていたが、点でしか知らなかった。今回は、伝統的な様式の平安神宮と近代的な建物がいくつも並ぶその奥深い歴史を再確認させられました。京都で博覧会があったことはおぼろげながら知ってはいたが、明治に東京に遷都したことで大きな展開を迫られたことも実感させられた。しかも、そういうものがいまや京都観光の中心の一つになっているというギャップがおもしろい。参加した人みんなが同じような発見をしたのではないかと思いますね。

鞍田●私は、環境問題を社会とどう共有するかに関心があります。今回はみんなが同じ「写ルンです」というカメラを使うことで、写真の知識や技術の差を超えて同じ出発点から身近な環境と向かいあえた。もちろん、写真の構図のつくり方などは技量によって違うが、「シンプルな道具だてだからこの企画は続いてきた」という松隈さんの指摘はこういうことだったのかと、新鮮な感動でした。

林●「まち歩き」の経験は私もしていましたが、100人もの人がそろって同じまちを、しかも自分もその1人になって観察するのは初めてでした。すると、自分の見方はほかの人とどう違うのかとか、自分を客体化して見ることになった。これがまずおもしろかった。じっさい、各人がなにに反応するかの偏りはけっこうありました。建物に反応する人もいれば、植物ばかり撮る人もいた。100人もの視線を横一線に並べて客観化することの意義はすごくありましたね。

松隈●それがノーマライゼーションだと思っています。私は、うちの娘たちが幼稚園にはいる前から「写ルンです」を渡していました。なにかを見つめてシャッターを押していると、子どもでもけっこうおもしろい写真を撮るようになる。だれもが使えるカメラ、そこがおもしろいところです。

個性が捕らえる京都の近代化の博物館「岡崎」

村松●その百人百景から見えたものは人それぞれに違うのか、それとも同じなのか。違うならば、どんな違いがあるのか。私は本文にすこし書きましたが、みなさんはどうでしたか。

鞍田●「写ルンです」は、フィルムが27枚とかぎられているし、参加者それぞれのテーマも異なるから、撮影に向かう先はとうぜん違いました。同じ地域、同じ時間、同じカメラというように条件を共有していただけに、その多様性というかバリエーションはおもしろかった。人それぞれが思いがけない視点をそなえている。私も建築に関心があるから、どうしても被写体としての建物に目がゆきがちですが、建築物をまるで無視する人たちがこんなにもいるのは驚きでした。人それぞれの関心の向かう先の多様性を知りました。

地球研での展示会

松隈●東京駅での撮影会でも、私はとうぜん赤煉瓦の建物をみなさんが撮るものだと思っていた。改築直前に撮影会を実施したこともあって、いまの風景を写真に残そうと撮るだろうと思っていたら、まったくはずす人がけっこういた。写真家の土田ヒロミさんのように売店のお姉さんばかり撮っている人もいてね。

村松●あえて撮っていましたね、それは。(笑)

松隈●電車の運転席の向こうに見える東京駅を写すとか、それぞれにトライしていて、けっこう衝撃的な写真が集まった。

林●岡崎だと鳥居に目が向きがちですが、各個人の興味関心は多様。「この木、いいでしょう」と自分が思っても、「あなたが好きだからじゃないの」というように、価値観や美意識を共有できるのかという不安もあった。しかし、展覧会の写真をみると、誘導しているわけではないのに同じ対象を撮っている人はあんがい多かった。しかも、それが平凡な階段だったりした。

まちには、他人と関心を共有できるコードも隠れているのかもしれない。みんなが共通に思いを寄せられるものが埋め込まれていて、そういうものをまちづくりに生かせるのではないかという発想をもらった気がした。

村松●松隈さんは、あえて建物ばかりを撮ったのですか。

松隈●あえて建物です。初めに言ったように、明治期の初頭にここで博覧会を開き、平安神宮をつくり、そのうえで美術館や動物園、図書館なりを建てた歴史は希有です。発電所、疏水、インクラインも含めて近代の建築物のかたまり、集合体。京都の近代化の博物館みたいな存在です。まち博物館のような岡崎をきちっとトレースしたいという思いからでした。

村松●鞍田さんは写真を撮るのが好きですよね。

鞍田●でも、本番ではぜんぜんだめでした。

松隈●だめだった?

鞍田●「写ルンです」は、私には新鮮すぎて難しかった。デジカメのように撮り直しはきかないし、光の加減もわからない。小さなファインダーでは空間の切り方もたいへん。

村松●林さんは、ちょっと抽象派の感じでしたね。

林●でも、村松さんの言葉でいうとけっこう「ガシガシ派」。(笑)建物以外にも目を向けて近寄ったり引いたりと、できるだけたくさんバリエーションのある写真を撮るよう意識しました。そのぶん意図的になった気がしています。

多様に反応するそれぞれの感性

村松●136人の写真のバリエーションを見てどうですか。

松隈●これまでの百人百景では、どういう撮影対象があるかの情報を事前に流していました。歴史の蓄積のもとにいまの姿、事象があることを知ったうえでまちを見る視点がだいじだと思っているからです。歴史のかけらって、わりと写真にはしやすい。お地蔵

林 憲吾　はやし・けんご
総合地球環境学研究所プロジェクト研究員。1980年、兵庫県に生まれる。東京大学工学系研究科建築学専攻博士課程単位取得退学。専門は建築学、東南アジア近代建築・都市史。主な著作に『シブヤ遺産』（共著）、『千年持続学の構築　未来を拓く人文・社会科学』（共著）などがある。

さんだけでも朽ちた橋だけでもなにかを語れる。
村松●「大文字」の歴史のような大きな歴史もあれば、身近な個人の記憶という小さな歴史もある。鞍田さんは比較的、そういう「小文字」のたいせつさを主張されている。
鞍田●おっしゃるように建築的なものに注目しがちな視点をいかにズラすか。環境としての拡がりを見つつ、「では、建築ってなんなの」、「ニュータウンの町並みはどうなの」という問い直しが必要かなという気がする。
松隈●みんながたくさん撮っている対象は岡崎のイメージとしてだいじで、ある影響を受けている。すると、ヒエラルキーがわかってくる。そこにこそ、これからもたいせつにすべきものが写っているだろうと。それをどう分析するかです。
村松●林さんはたくさんの写真を見て、多くの人が撮っていた対象物を羅列していましたね。
林●被写体自体にどれだけの価値があるかはわかりません。たとえば、熊の看板を何人かが撮っていました。重要なのは、その状況がおもしろいとシャッターを切っている撮影側の共通した反応です。まちには、デザインの優劣とは別に自分がハッとする、おもしろいと思わされるものがある。そういう反応もあれば、鳥居とか平安神宮のように、「やはり岡崎だね」という場所性や歴史への反応もある。他では、美しいと感じるのか、リラックスするのか、植物や自然も多くの人が撮っていましたね。
村松●本能的？
林●そうかもしれません。とにかく、そういう多様な反応を集めて、それを生かした「まちづくりのデザイン」が考えられる気がしました。対象よりも対象への反応のしかた。それを多様にすることもだいじではないでしょうか。27枚を撮ることが前提だと、同じ楽しみ方だけでは飽きてしまう。
村松●それはあるね。
林●27枚も撮るとなると、シャッターを切るには三つや四つくらいの動機が発生する気がする。じつは、それがまちを楽しむ鍵かもしれない。歴史を売りにしたまちがどこかでおもしろくなくなるのは、一つだけの楽しみ方に特化しようとするからではないでしょうか。「このまちは古くていいなあ」という視点でしか楽しめないのでは、テーマパークと同じ。やはり、いくつもの動機、関心が同時に引きだせるほうが楽しい。歴史も自然景観もそういう引き出しの一つです。
村松●それをどう具体的にするかです。27枚も撮影すると、どうしても自分の隠れていた本能のようなものが出てくることになる。それがたぶん、そのあとの設計というか、デザインにつながるのではないかと思うんですよ。

「事前」、「途中」、「事後」の三段階をうまく設計する

村松●私は本文にも書きましたが、撮影会のあと展覧会をやったり座談会をやったりしたことが、みなさんの意識を反芻させる機会としてよかったと思っています。三つやりましたよね。
鞍田●場所は企画委員が持ち寄って決めた。一人の決定ではなかったことがよい選択でした。近現代建築のマンションや事務所ビルをリノベーションしたギャラリー、それに町家をリノベーションしたお店で、みんなリノベーションした施設。そういう歴史の積み重ねもおもしろかったですね。
村松●松隈さんは何度も「百人百景」を実施して冊子を制作されたり展覧会を開いたりされていますが、今回はすこし発展的に座談会をしたりしています。どんな感想をおもちですか。

松隈●市民レベルだけではやはりパワー不足で、やりっぱなし。それでも、参加者へのアンケートなどで新しいまちづくりへのヒントは出ます。地元の人からは「新しい発見があった」、外から参加された人も「すばらしい場所だね」などとコメントに残していただける。そういう気持ちは写真にも現れて残っているし、まちづくりをしているメンバーとしては嬉しくなる。

今回おもしろかったのは、三つの会場でそれぞれ趣向を違えて写真を展示したこと。しかも、それを岡崎でやったこと。

鞍田●そう、そこが重要でした。

松隈●岡崎を撮ったメンバーが岡崎を再び訪れて、自分たちの行為の結果としての写真展を見る感覚はすごくだいじだと思う。

村松●展覧会のあとで岡崎を歩くと、「ああ、この景色も写っていた」などと目がゆく。あれはおもしろかった。

鞍田●参加者のまなざしに自分を重ねる……。

村松●それも、百人百景の一つの意義ですね。みんなで、ほかの人の写真を見ることもそう。やりっぱなしでなく、次の展開がある。事前、途中、事後の三つの段階をうまく設計すると、もっとよくなるかなと思っているんですよ。

林●事後にみんなでまち歩きをするとかね。

鞍田●その企画はいいかもしれない。

村松●出た本を持ってやったらおもしろいかもしれない。

写真のクオリティを競う会ではない

林●村松さんの解析の一つに母と娘二人の……。

村松●三人三様で撮っている写真ですね。

林●たとえばお母さんが娘の撮った写真を見ながら同じルートを歩いて、娘は母親が撮った写真を見ながら歩いてもらう。すると、同じ一本の道の見えかたもたぶん違うはずです。シャッターを切る動機ももっと豊かになるかもしれない。

村松●そうですね。目をどう豊かにするかです。林さんはすごく苦労して事後の整理をされていましたが、どう思いましたか。

林●たいへんでしたが、だからこそあらためて岡崎を歩くと、新しいものが見つかる。発見するというのは純粋に楽しい。(笑)

村松 伸　むらまつ・しん

＊略歴は最終ページに掲載

鞍田●撮影会そのものはお祭りですね。カメラを持ってワーッと散らばってね。しかし、それを見返すときの視点はちょっと冷静になっているというか、ちょっとハイになって撮らなきゃと思ったときの自分の視線をどこかで客観視することになる。村松さんも「日常的非日常」と書かれていましたが、イベントの非日常性とは違う視点でもう一回たどり直すことは、そういう意味でもだいじだという気はしました。

村松●岡崎というのは、もともと非日常な空間ですね。

鞍田●住人もいますが、どちらかといえばそうですね。

村松●非日常が日常化してしまっているので、ふつうにあるものをどう撮るかという視点は欠落しがちです。三分の一くらいの人の写真にポッポッとはいってくるが、みなさんあまり撮っていない。日常性をうまくとらえる目は、みんなの写真を見て養わないとむずかしいかもしれない。そういうなかで、地球研のスタッフで絵描きの和出伸一さんの写真がすごくいい。和出さんを私がよく知っているからだと思うが、あそこまでゆくと地球環境とか環境はなにもなくなってしまう。ディテールにはいり込んでしまう目のよさと怖さは表裏だと思います。

鞍田●彼はやはりアーティストで、日常を突き抜けたところにいますね。建築の保存問題も含めてですが、環境問題などの具体的なものは日常生活のなかで論じられるものだとしたら、やはり視

松隈 章　まつくま・あきら
建築家、株式会社竹中工務店勤務。1957年、兵庫県に生まれる。北海道大学工学部建築工学科卒業。オフィスビル、商業施設、水族館などを数多く手がける。「瀧定株式会社高槻寮」は、みどりの景観賞知事賞、大阪建築コンクール大阪府知事賞部門、大阪まちなみ賞、大阪建築士会長賞を受賞

点って怖いところがある。非日常という点でその特異性にこだわりだすと、やはり断絶される。断絶されるからこそそのおもしろさや発見もあるけれどね。

村松●そうですね。136人のなかには写真、絵心のある人がずいぶん参加している。断絶することに関心があって壁だけ撮ってくるとかね。すると、写真の美しさと百人百景の意味とをどう結びつけてよいのか、このことをずっと私は考えています。

鞍田●両方あってよいとは思いますが、たんなるまち歩きではなくて、写真に撮ることの意義はそういうこともはらんでくると思う。でも、あまり簡単にまとめないほうがよいのかもしれない。ずるいかもしれないが、そう思う。

村松●哲学者だから。(笑)

鞍田●矛盾を抱え込んだままではないが……。(笑) つまり、「それもまた、私たちのまちや日常を顧みるときのヒントになるかもしれない」というように取り込んでしまうよりも、そういうものはそういうもので異なるものとして放置する。

村松●まあね。そういう人も何パーセントかはいる。

鞍田●楽しい写真を撮る人にも参加してもらうと写真はよくなる。しかし、それだとクオリティにこだわる会になってしまう。

身の周りの日常を非日常化して楽しむ

林●日常と非日常の話でいうと、人って非日常性がないと楽しくないのだと思う。ディズニーランドもひとつの非日常の現場だし、都市を離れて田舎にちょっと農業に行くのもある種の非日常な現場。だけど、そういろいろな場所に行けるわけではない。だから、自分の生きている日常のなかにちょっと非日常性を発見するとか、日常のなかに特殊なものを見つけるようにする。そのひとつのツールが写真。だからみんなが撮っている。地球研の和出さんは日常的な、ただそこにあるものを撮っている。しかし、撮り方一つで非日常に写って楽しめる。

そもそもまち歩きのスタートは、自分の周りにある日常を非日常にして楽しんでみる訓練だという気がする。トマソン (不動産に付着して、あたかも芸術のように美しく保存された無用の長物という藝術上の概念) や路上観察はその典型で、なんの意味もないものにネーミングすることで意味をつけて楽しむ。赤瀬川原平さん (前衛美術家・作家) が、ただ登って降りるだけの階段に「純粋階段」と名前をつけることで、ふだんは意味のないというか、だれも使わない階段が楽しめるものに思えたりする。考現学研究会の岡本信也さんらの『超日常観察記』なんていうのも、ようは日常を超にするというか、日常の非日常化。

ただ、いまの私たちにはまちを楽しむだけでなく、環境に目をむけて地球環境について考えるという別の課題がある。それは日常の非日常化だけではつながらない。村松さんも「非日常化の日常」と書いているが……。

鞍田●すごい禅問答。(笑)

林●私がふと思ったのは、たとえばよくある地球環境が異常事態であることを世界に劇的に、つまり非日常的に示すことで「危ない」と思わせるフォトジャーナリストとかの写真……。

村松●あれはすでに日常化している。

林●それは良くない日常化だという気がしますが、地球環境で重要なのはそうした非日常な事態を放っておかないことです。異常な状態はいつか破綻する。だから、非日常を日常に帰す努力が一方で必要。たとえば、新しい建物ができると、「こんな醜悪なものができて」と思うことがある。だけど、それを受け入れて使いこな

す努力をするといつかまちのシンボルになったりする。岡崎はまさにそのように変化を取り入れて変わってきた場所です。新しい非日常なものができても、それをきちんとまちの日常的な風景へとなじませる。そういう非日常を日常に帰す訓練をしないと、まち歩きだけで――村松さんのおっしゃる「日常を非日常化して楽しむ」だけでは、問題が生じている地球環境をどうすべきかと考えることにつながるかどうか……。

村松●つなぐ必要がありますが、いつもつなげなくてはいけない立場にいる鞍田さんは……。

鞍田●むずかしいね。

地域の将来や地球環境を考える問いかけ

村松●でも、このことは地球研のプロジェクトの対象で、いつも考えなくてはいけない。地球研では非日常のこと――国際的な組織をつくるとかをやっているが、みんなが生きているのは日常。やはり、最終的には日常とどうつなぐかでしょう。ところが、そこをあまりやらず、非日常だけをやっている。これを私たちがやらなくてはけないと思っている。

林●たとえば、このまちが将来にわたって培うべきだいじな日常ってなんだろうかと考える。それを私たちがあらためて発見することもまち歩きの意義だと思う。

村松●それはローカルな……。

林●ローカルな手法ですが、もしなんらかの警鐘――ここの暮らしって、このままでいいんですかという問いがあったとします。そのときに、この場所にとって重要な日常ってなんだろうって考える。それを発見するという意味で、まち歩きは重要。

今回は写真を撮ることで、岡崎の日常を切り取ることができた。そういうことをふだん考えない人も、撮影対象にこだわることで、「こんなものが岡崎にあったんだ」と発見した。しかし今回は、「岡崎はこのままでよいのか」という問いはなかった。これがないと、将来のことや地球環境の問題につながらない気がする。

村松●松隈さんはこういう話を聞いてどうですか。

鞍田 崇　くらた・たかし
総合地球環境学研究所特任准教授。専門は哲学、環境思想。1970年、兵庫県に生まれる。京都大学大学院人間・環境学研究科博士後期課程修了。暮らしの「かたち」という視点から、現代社会における環境問題の思想的意味を検討している。主な著作に『〈民藝〉のレッスン つたなさの技法(編著)、『焼畑の環境学』(編著)などがある。

松隈●阪神・淡路大震災で、私が住んでいる神戸の塩屋の駅前にあった魚屋さんの建物が潰れてしまった。塩屋のメインの商店街は道幅2メートルの路地です。2メートルの道幅では建築基準法で魚屋を再建できないから、そこだけ4メートルに拡げた。そうすると、「路地の界隈性ってすごくだいじだったんだ」とはじめて気づく。わずか2メートルのバックで、まちが変わってしまった。たいせつなことを気づかせるのが写真なのかなと。

カメラという武器、テーマ設定という理念はどう一体化するか

しかし、塩屋で百人百景を実施したときに、日本美術史や写真史などがご専門で震災当時は塩屋に住んでいた木下直之さん(東京大学教授)を招いて講演会を開いたのですが、木下さんはおもしろいことを言われた。「まちを見るには、基本的にカメラはいらないんだ」と。しかし、カメラで撮ることで、まちを見る目を養う。写すことで、あるものを一所懸命見ることになる。しかし、ツールがなくても目のゆくところにはゆく。そうでなくてはいけないと。

村松●しかし、やっぱりカメラはあったほうがよい。再帰性というか、反省の契機というか、見たものをもう一回見る。

松隈●再帰性とコミュニケーションですね、きっと。

村松●ほかの人もわかるツールとして、やはり重要ですね。

松隈●さっきの日常非日常でいうと、ふだんの生活空間が地震という災害によって突然に失われる。よく知っているはずの神戸で

も、瓦礫を見てなにが建っていたかわからない。それくらい、ふだんは意識せずにまちを歩いている。なくなってはじめて、「なにかが欠落したな」という感覚になる。

鞍田●その意味では、カメラは人を日常にコネクトする、強制する力がある。ふだん素通りしている日常の場所に、あらためて意識を接続させる。それこそ震災などがあると、そういう接続する振る舞いが必要になったりする。

村松●松隈さんはこれまで、日常から震災という非日常まで、何度も撮影会をされていますが、どう見てこられましたか。

松隈●日常を見ておく必要はとくに震災で思いましたね。

村松●撮影会の場所はどう決めていたのですか。

松隈●一つひとつテーマをもたせました。1回目は、改築をはじめる直前の東京駅。歴史的な蓄積を意識しました。

2回目は、「浅草モダン」。浅草というと浅草寺、ステレオタイプの江戸のイメージがある。ところが、銀座線が最初に浅草と結んだように近代化の場所だった。大阪でいうと天王寺。

3回目が竣工50周年の東京タワー。スカイツリーが着工した年です。このさい東京タワーをじっくり眺めてみようと。

地球研での表彰式(2012年4月22日)

4回目が築地。築地市場を計画していたら、マグロの競りに外国人観光客が殺到して午前中ははいれない。しかし、築地全体に拡げたとたんに、居留地だった築地の歴史が見えてきた。

5回目が上野。ほんとうに古いものが残っている。空襲とか大震災があったにもかかわらず、江戸期のものが残っているし、西郷さんの銅像だって100年以上あそこに立っている。

そういう名所旧跡をやってきたので、6回目は東陽町。自分たちの深川をやろうとなった。そういう決めかたですね。

関西では、私の自宅のある神戸の塩屋と、京都の大山崎。

村松●歴史性を提供する場を選んだが、じっさいには、ふだんの日常的なものもみなさんは発見したのですね。

松隈●そうです。発見してそのよさを獲得する。地元の人も行ったことのない場所で、新しい発見があったという感想がいっぱいあった。やはり27枚の威力だと思う。

写真に込めた思い、写真の背後に感じるものとこと

村松●最近では、日常性を失った人口1万5,000の南三陸町で、中学3年生100人とされましたね。そこでの意図はなんですか。

松隈●阪神・淡路大震災のときもそう思ったが、どうしても現実に起こったことに目を背けがちです。私もカメラを向ける気にならなかった。だけど、撮っておけばよかった。おそらく、地元の子どもたちもそう思うだろうなと。それで、あのとき自分がなにを考えていたのかを思い起こして撮ってくれと。

なにを撮ったらよいか、なにを撮らないといけないかは言わない。2週間に限定して、撮っておきたいと思ったら仙台に出かけて行って賑やかな仙台のまちを撮ってもよい。被災した自分の家の土台だけ撮ってもよいし、友だちを撮っても、家族を撮ってもよい。とにかく、シャッターを切りたいと思えば撮ってほしいと。自身のタイムカプセルとして5年後、10年後の自分へのメッセージにするつもりでやってほしいと頼みました。

村松●鞍田さんはナラティブ(叙述、語り)というキーワードを出していますが、そこでいうナラティブは写真を撮ることとは違って、それをどう叙述するかという話ですか。

鞍田●そうです。その一つが写真だろうと。

村松●南三陸町の中学生の写真も表現として含まれるのですか。

鞍田●つまり、なにかのきっかけがないと物語ははじまらない。写真は、そういう意味ではすごく貴重。先ほどアイデンティティの話がありましたが、それもたぶん個人のアイデンティティでも

あるし、まちとして共有されるアイデンティティでもあって、そのしかたが問われている気がする。ナラティブと言ったのはそういう叙述をする作業ですが、ふだんはそれを自分のなかで叙述しながら歩いてはいない。

村松●私がいまナラティブに反応したのは、津波が襲った南三陸町ではなにもなくなっているからです。今回の展覧会では、写真を見るだけではなくて、同時に何人かにしたインタビューがとてもおもしろかった。写真の背後になにを感じたかをきいて、その一人ひとりの物語を記述するのはおもしろいと思った。

鞍田●それはもちろんそうですよね。

松隈●南三陸町では、プリントした写真を中学生に戻すんです。それぞれが撮った27枚をベタ焼きのようにして渡し、これにタイトルをつけてなにを感じたかを文章にしてくださいと。そのうえで自分のベスト・ショットを1枚選んでもらい、それを冊子に載せる話をしてきました。だから、彼らのなかで27枚がある順列をもってできあがってくると期待しています。

それが言葉とか感想に出てくれば、それを撮った自分を5年後、10年後に振り返ることになるし、彼らはまちの復興を見る、あるいはそれに関わる人材になる。何人かは地元に残ってまちをつくる人になろうとするのではないかと期待しているんです。

語るべき言葉をあらためて現場に探しに行く試み

村松●震災の3か月後に、私たちも岩手県大槌町に行って何千枚と撮影した。林さんも参加しましたが、非日常がずいぶん残っている地域にも出かけた。その写真と、南三陸町の子どもたちが撮る写真にはどんな違いがあると思いますか。

林●松隈さん、鞍田さんのおっしゃる日常を特別な日常として見る視点もたいせつだと思います。

私は、関東大震災の復興を記録した今和次郎もそうだったと思います。震災は非日常だとみんなが思いますが、今和次郎は震災のあとの復興を現場の日常として記録していた気がします。たとえば、彼は大正末期から銀座でモガとかの服装調査などをしましたが、それは一風変わった流行を観察するというスタンスではなく、「銀座の日常ってどうなっているのだろう」と記述することによって、銀座の現実を示した。彼はつねに、ある状況を日常的なものとして観察していた気がします。

村松●しかし、震災の直後に、「いまここで起こっているのは日常なんだよ、被災してたいへんな状態だけどこれもありうることだよ」というのは、やはり苦しい。

林●だからこそ、私たちが歩いて撮影する意味がある。巨大な津波が襲って、瓦礫の山ができ、それがいつのまにか撤去される。そういうリニアな時間が日常として流れている。それに目を向けておかないと、なにがあったかをあとで振り返ることはできない。そういう時間を、現地の人とは違った視点で記録する。その意味で、外の人の役割は重要ではないかと思う。逆に、いまは現地の人が日常にカメラを向けられる。

ただそうはいっても、私たちの記録にはやはり痛々しさの残る非日常な姿が写っている。私たちがいま悩ましいのは、そういう写真をどのタイミングで地域の人たちに返すかです。

松隈●南三陸町の中学生には、これまで発言する機会がなかった。「クリエイティブな場を与えてくれてありがとう」という校長先生の言葉がすごく嬉しかったですね。それが東京でも、南三陸町でも発表される。自分たちがやったものがきちっと外に出てゆくところですごい共感をよんでいる。

鞍田●南三陸町の中学生たちは、いまはまだ自分が語り出すべき言葉をきちんと見つけられない状態かもしれない。それを写真というかたちで表現する。語るべき言葉をあらためて現場に探しに行く試みだったように思う。あの中学生たちはたぶんいまは撮るしかないが、5年後の彼らはそれをもとに語りだすかもしれない。そういう意義があると思う。

村松●そういう意義や可能性を、この「百人百景」の企画は象徴的にみせてくれる。こういうツールをどのように展開・発展させることで、日常の暮らしや環境の再発見と再評価につなぐかが、こんごともの課題ですね。　〈了〉

〈シリーズ　人と風と景と〉
「百人百景」
京都市岡崎

村松 伸＋京都・岡崎「百人百景」 実行委員会 編

2013年4月15日発行
発行所◎京都通信社
京都市中京区室町通御池上る御池之町309番地
〒604-0022
Tel 075-211-2340
http://www.kyoto-info.com/
発行者◎中村基衞
装　丁◎中曽根孝善
製版・印刷◎ニューカラー写真印刷株式会社
製　本◎株式会社吉田三誠堂製本所

＊お近くの書店にないばあいは、
弊社ホームページから直接ご注文ください。
お電話でのご注文には即日発送いたします。

Seen Scenes Series
A Hundred People, A Hundred Landscapes in Kyoto,Okazaki

Edited by :
MURAMATSU Shin &
A Hundred People, A Hundred Landscapes in Kyoto,Okazaki
Project
Published by :
Kyoto Tsushinsha Press
309 Oike-no-cho Nakagyo-ku Kyoto 604-0022
http://www.kyoto-info.com/
Designed by :
NAKASONE Takayoshi
First published :
April 2013

Printed in Japan　ISBN978-4-903473-70-3

編者の略歴
村松 伸　むらまつ・しん
総合地球環境学研究所教授。1954年、静岡県袋井市に生まれる。東京大学建築学科卒業後、中国清華大学に留学。工学博士。ソウル国立大学客員研究員、東京大学生産技術研究所教授などをへて現職。専門は、アジア都市・建築史、まち環境文化遺産保全学、まち環境リテラシイ学。第15回大平正芳賞（1999年）、社団法人日本建築家協会ゴールデングローブ賞2011特別賞などを受賞。おもな著書に『上海－都市と建築』、『中華中毒』、『シブヤ遺産』などがある。

協力いただいた方がた（五十音順・敬称略）
アートスペースカフェ・メトロポリタン福寿創
一般財団法人ギャラリーエークワッド
株式会社乃村工藝社
Gallery Ort Project
茶房 好日居
富士フイルム株式会社
和出伸一（総合地球環境学研究所）

翻訳
引原忠夫
スティーブン・サロウェイ